여기는 함께섬
정치를 배웁니다

여기는 함께섬
정치를 배웁니다

최승필 글 | 홍기한 그림 | 임성열 감수

차례

1장 고집불통 왕   008
톡톡톡 정치 - 국가는 어떻게 생겨났을까요?   018

2장 함께섬의 주인은 우리   020
톡톡톡 정치 - 민주주의는 어떻게 이루어졌을까요?   032

3장 많은 사람이 원하는 대로   034
톡톡톡 정치 - 어떻게 결정할까요?   044

4장 법을 만들어   046
톡톡톡 정치 - 무엇에 따라 나라를 다스릴까요?   056

5장 정치 주장이 같은 사람들   058
톡톡톡 정치 - 정당의 목적은 무엇일까요?   068

6장 나 대신 누구? 070
폭폭폭 정치 선거는 어떻게 진행되나요? 080

7장 나라를 대표하는 사람 082
폭폭폭 정치 나라의 대표는 꼭 선거로 뽑나요? 092

8장 힘을 나누어요 094
폭폭폭 정치 대통령의 힘은 정말 막강할까요? 102

9장 정치에 참여해요 104
폭폭폭 정치 정치에 참여하는 방법은 무엇일까요? 116

10장 지방 일은 지방이 스스로 118
폭폭폭 정치 지방 자치 제도는 무엇이 좋을까요? 130

추천의 글 132
여기는 함께섬 정치 용어를 배웁니다 133

안녕하세요? 여기는 작은 나라, 함께섬입니다.

함께섬은 작지만 있을 건 다 있는 엄연한 나라예요. 푸른 산홋빛 바다에 둘러싸인 아름다운 함께섬은 '영토'고요. 아이 29명, 어른 127명의 함께섬 사람들은 '국민'이에요. 다른 나라 사람들에게 간섭 받지 않고 나랏일을 결정할 수 있는 '주권'도 갖고 있어요.

함께섬의 모든 일을 결정하는 왕이에요.

딱딱왕

가구를 만들거나 집을 짓는 목수예요.

뚝딱 아저씨

닭을 키우고, 달걀을 팔아요.

꼬꼬 아주머니

함께섬 대통령의 일을 도와주는 비서예요.

반듯 아가씨

곡식을 빻아 주는 방앗간 주인이에요.

곰곰 할머니

함께섬 구석구석을 청소하는 환경미화원이에요.

깔끔 아저씨

그런데 요즘 함께섬 사람들에게 골치 아픈 일이 생겼어요. 도무지 해결하기 힘든 골치 아픈 일 말이에요. 그 일이 뭔지 들여다볼까요?

바다에서 미역이나 전복을 키워요.

가두리 아줌마

머리를 손질해 주는 이발사예요.

까까 군

물고기를 잡는 어부예요.

이영차 군

반지나 목걸이 같은 장신구를 만들어요.

반짝 아가씨

함께섬에서 가장 나이가 많은 어른으로, 부부예요.

호호 할머니   허허 할아버지

목장에서 소와 양을 길러요.

푸르르 아저씨

1장
고집불통 왕

국가는 일정한 영토 안에 사는 사람들로 이루어져 있고, 그 영토의 일을 스스로 결정하는 최고의 사회 조직이에요. 국가 가운데 왕이 지배하는 국가를 왕권 국가라고 해요.

될 듯 될 듯 안 되는 일을 해 본 적 있나요?

장롱 밑에서 잡힐 듯 잡히지 않는 동전 꺼내기나, 조금만 실수해도 우르르 쓰러져서 처음부터 다시 세워야 하는 도미노 놀이 같은 거요. 요즘 함께섬 사람들이 딱 그 모양이에요. 봄에 지은 항구가 여름만 되면 무너졌거든요. 지으면 무너지고, 지으면 무너지고……. 꼭 바보가 된 기분이었죠.

"벌써 3년째야! 봄마다 이게 무슨 고생이냐고!"

뚝딱 아저씨가 돌을 바닥에 내팽개치며 말했어요.

"내 말이 그 말이에요. 항구를 만드느라 낸 세금은 또 얼만데요."

꼬꼬 아주머니도 옳다구나, 맞장구를 쳤어요. 세금은 국가를 유지하고 발전시키기 위해 국민이 내는 돈이에요. 함께섬 사람들은 항구를 짓는 데 이미 많은 세금을 냈어요.

"저는 밤마다 늦게까지 목걸이를 만들어야 해요. 낮에 항구 짓느라 일을 못해서 주문이 엄청 밀렸거든요."

장신구를 만들어 파는 반짝 아가씨는 너무 속상한 나머지 울먹울먹했답니다.

어디 세 사람뿐이겠어요? 말은 안 했지만 모두들 불만으로 통통 불어 터진 표정이었죠.

함께섬엔 항구가 꼭 필요해요. 항구가 있어야 육지에 왔다 갔다 할 배들을 안전하게 세워 둘 수 있으니까요. 그래서 모두가 세금을 내고 힘을 합쳐 항구를 짓는 거 아니겠어요. 문제는 항구가 자꾸 무너진다는 데 있었죠. 기술이 부족한 거 아니냐고요? 천만의 말씀! 함께섬 사람들은 항구를 짓는 데 도사들이에요. 항구가 무너지는 이유는 따로 있었죠. 바로 함께섬을 다스리는 딱딱왕 때문이에요. 딱딱왕은 함께섬 최고의 골칫덩이, 못 말리는 고집쟁이예요.

지금으로부터 3년 전 여름이었어요. 들도 보도 못한 어마어마한 태풍이 함께섬을 덮쳤어요. 바닷가의 바위가 각설탕처럼 부서지고, 뿌리째 뽑힌 나무들이 종이쪽처럼 날아다닐 정도였죠.

"내 평생 이렇게 무서운 태풍은 처음이야!"

함께섬에서 가장 나이가 많은 허허 할아버지조차 깜짝 놀랄 만큼 큰 태풍이었어요. 그러니 항구라고 멀쩡했겠어요? 부서진 정도가 아니라 아예 흔적도 없이 사라져 버렸답니다.

태풍이 지나가자 딱딱왕이 함께섬 사람들을 불러 모았어요.

할 일이 산더미였거든요. 부서진 도로와 전봇대를 고치고, 무너진 함께섬 회관과 학교도 다시 짓고, 방파제도 쌓아야 했어요. 그건 함께섬 전체를 위해 필요한 일이었고, 그런 일을 이끄는 것이 왕의 역할이었죠.

딱딱왕이 콧수염을 만지작거리며 말했어요.

"흠흠, 다들 알겠지만 이번 태풍으로 우리 함께섬이 입은 피해가 만만치 않아. 이에 왕으로서 긴급 복구 계획을 세웠다. 아주 완벽한 계획이지. 다들 내 명령에 따라 일사불란하게 움직여 주길 바란다."

딱딱왕은 주머니에서 주섬주섬 종이 한 장을 꺼내 읽기 시작했어요. 뭐 대단한 내용이 있는 건 아니었어요. 뭐라 뭐라 길게 얘기했지만, 결국 복구에 필요한 세금을 왕창 내고 뼈 빠지게 일하라는 소리였어요. 눈앞이 캄캄했지만 다들 어쩔 수 없이 받아들였어요. 딱딱왕 입에서 항구 얘기가 나오기 전까지는요.

"흠흠, 항구는 동쪽 바닷가에 만들 거야."

함께섬 사람들의 눈이 휘둥그레졌어요.

"도, 동쪽 바닷가요? 서쪽이 아니고요?"

"그래. 동쪽 바닷가."

딱딱왕은 콧수염을 만지작거리며 태연하게 말했어요. 하지만 함께섬 사람들은 전혀 태연할 수가 없었어요. 함께섬의 항구는 원래 서쪽 바닷가에 있었어요. 옛날, 그 옛날부터요. 서쪽 바닷가는 파도가 잔잔해요. 또 땅 모양이 섬의 안쪽으로 움푹 들어가 있어 항구를 만들기에 안성맞춤이었죠. 하지만 동쪽 바닷가는 그렇지 않았어요. 절벽이 늘어선 데다 바닷물이 깊고 파도마저 거셌어요.

뚝딱 아저씨가 난처한 목소리로 말했어요.

"딱딱왕님, 동쪽 바닷가는 절벽이라서 항구를 지을 돌을 옮기는 게 쉽지 않아요. 파도가 거세기도 하고요."

딱딱왕은 한심하다는 듯 콧방귀를 뀌었어요.

"하나는 알고 둘은 모르는 소리! 항구를 무너뜨린 건 파도가 아니야. 태풍이지. 서쪽보다는 절벽이 있는 동쪽이 더 안전해. 절벽이 태풍을 막아 줄 테니까."

함께섬 사람들은 얼어붙고 말았어요. 파도고 태풍이고 다 떠나서 절벽 앞에 항구를 지을 수는 없었어요. 그런데 왕은 할 수 있다는 거예요.

"딱딱왕님, 다시 한 번 생각해 주세요. 우리 양식장은 서쪽 바닷가에 있어요. 동쪽 바닷가에 항구를 지으면 매일 서쪽 바닷가까지 섬을 반 바퀴나 돌아서 일하러 가야 한다고요, 네?"

전복을 키우는 가두리 아줌마가 애원하다시피 말했어요.

"저도요. 물고기들도 서쪽 바닷가에 많이 살거든요. 동쪽에 항구를 만들면 물고기도 많이 잡지 못할 거예요."

어부 이영차 군도 거들었어요.

"동쪽 바닷가는 너무 깊어서 봄철 내내 일을 해도 항구를 다 쌓지 못할 거예요."

꼬꼬 아주머니도 소리쳤어요.

딱딱왕은 인자한 표정으로 사람들의 이야기를 다 들었어요. 그리고 이렇게 말했죠.

"동. 쪽. 바. 닷. 가."

딱딱왕의 못 말리는 고집이 시작된 거예요. 하는 수 없이 함께섬 사람들은 무거운 돌을 나르고, 절벽을 깎아 가며 어렵게 동쪽 바닷가에 항구를 지었어요.

하지만 이런 수고도 허사가 되었어요. 봄철 내내 쌓은 항구를 여름철 태풍이 깨끗이 날려 버렸어요. 동쪽 바닷가 절벽이 태풍을 막아 주기는커녕 오히려 거센 바람을 튕겨 내 더 강하게 만들었지요. 항구 역시 단숨에 확 무너져 버렸죠.

그 이듬해에도 마찬가지였어요. 그래도 딱딱왕은 항구를 동쪽 바닷가에 짓는다는 고집을 꺾지 않았어요. 사람들이 죽도록 고생하는데도 아랑곳하지 않고 이렇게 말했죠.

"항구를 좀 더 튼튼하게 만들 방법을 찾아보게."

모두들 화를 내고 투덜거렸어요. 하지만 딱딱왕 앞에서는 아무런 말도 못했어요. 왜냐고요?

'함께섬의 일은 왕이 결정한다.'

그게 함께섬의 오랜 전통이었거든요. 할아버지의 할아버지, 또 그 할아버지 때부터 항상 그래 왔어요. 아무리 바보 같아도, 아무리 못마땅해도, 아무리 타당하지 않아도, 왕의 말을 따를 수밖에 없었죠.

'이번에는 무너지지 말아야 할 텐데……'

이번 봄에도 동쪽 바닷가에 항구를 만들고 있는 함께섬 사람들이 할 수 있는 건 오로지 기도뿐이었답니다.

톡톡톡 정치

국가는 어떻게 생겨났을까요?

처음에 사람들은 사냥감과 열매를 찾아 이곳저곳 떠돌아다니며 살았어요. 동물들과 다를 바 없는 생활이었어요.

그런데 1만2천 년 전에 지구에 큰 변화가 일어났어요. 기후가 온난하게 바뀌어 더 이상 힘들게 사냥을 하며 살아갈 필요가 없어진 거예요. 사람들은 사냥을 하는 떠돌이 생활을 그만두고 한곳에 머물러 살며 농사를 짓기 시작했어요. 동물과는 다른, 사람만의 삶의 방식을 갖게 된 거예요.

사람들은 농사가 잘 되는 곳에 자리를 잡고 머물며 마을을 이루고, 가축이나 곡식 같은 재산도 갖게 되었어요. 먹을거리가 충분해지면서 인구도 크게 늘었죠.

씨족 사회

처음 정착 생활을 시작한 사람들은 친척이나 가족처럼 핏줄이 같은 사람들끼리 '씨족'이라고 부르는 작은 무리를 이루어 살았어요. 서로 마음이 잘 통하고 다툼도 많지 않았지만, 적은 숫자가 무리를 이루다 보니 항상 불안했어요. 주변에 사는 무리들이 곡식이나 가축을 노리고 언제 쳐들어올지 몰랐으니까요.

부족 사회

씨족 사회는 다른 무리에게 공격을 당할 수 있다는 약점이 있었어요. 그래서 종교가 같다든지, 언어가 같은 씨족끼리 합치기 시작했어요. 이렇게 씨족을 합쳐서 탄생한 것이 '부족'이에요. 부족을 이끄는 부족장은 군대를 이끄는 강력한 지도자였어요.

국가

강력한 부족이 전쟁에서 이겨 다른 부족을 정복하거나, 부족들끼리 합쳐서 '국가'를 만들었어요. 국가는 일정한 영토 안에 사람들이 살면서 그 영토의 일을 스스로 결정하는 사회 조직이에요. 초기 국가는 왕이 이끌었어요. 국가를 이끄는 왕은 백성들에게 세금을 걷고 백성들을 병사로 뽑아 쓸 수 있었어요. 뿐만 아니라 몇몇 귀족들과 함께 나랏일을 결정할 수 있었지요. 이렇게 왕이 나랏일을 주도적으로 결정하고 운영하는 국가를 '왕권 국가'라고 해요.

2장
함께섬의 주인은 우리

왕이 아닌 국민이 권력을 가지고 나라의 일을 스스로 결정하는 정치 체제가 **민주주의**예요. 곧 나라의 주인이 **국민**이라는 뜻이에요.

"아, 상쾌한 아침이야!"

뚝딱 아저씨는 기분이 아주 좋았어요. 어찌나 좋았던지 아침에 눈을 뜨자마자 혼자서 킥킥 웃을 정도였죠. 왜냐고요? 드디어 항구 공사가 끝났거든요. 더 이상 울며 겨자 먹기로 동쪽 바닷가에 안 나가도 되지요.

목공소엔 밀린 일감이 잔뜩 쌓여 있었어요. 꼬꼬 아주머니가 주문한 닭장, 반짝 아가씨가 부탁한 귀걸이 진열대, 곰곰 할머니가 주문한 방앗간 선반…….

"일을 시작하기 전에 머리카락부터 깎아 볼까?"

뚝딱 아저씨는 깔끔하게 이발하고 상쾌한 기분으로 일을 시작하고 싶었지요. 휘파람을 불며 까까 군 이발소로 가는데, 함께섬 회관 앞에 사람들이 와글와글 모여 있는 게 보였어요.

"아침부터 무슨 일이지?"

뚝딱 아저씨는 고개를 갸웃거리며 사람들이 모인 쪽으로 다가갔어요. 회관 벽에는 공고문이 붙어 있었어요.

"뭐! 세금을 또 내라고?"

뚝딱 아저씨는 자기도 모르게 소리쳤어요.

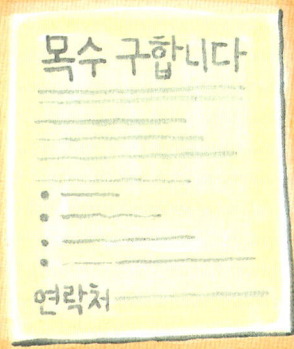

추가 세금 공고문

거듭된 항구 공사로 인해 세금이 다 떨어졌다.
다음과 같이 추가 세금을 걷으니 모두들 제 때 내도록.

금액 : 1,000따로
기간 : ○○월 ○○일 12시까지

정해진 기간 안에 내지 않을 경우, 50따로의 벌금을
추가로 내야 함.

– 함께섬을 위해 밤낮 없이 일하는 딱딱왕

세금으로 낸 돈이 이미 한두 푼이 아니었거든요. 항구를 짓기 시작한 첫 해에는 300따로, 그 다음 해에는 500따로, 올봄에도 1,000따로를 냈어요. 그 많은 돈을 세금으로 내느라 지갑이 텅텅 비고 말았죠. 그런데 또 세금을 내라니! 뚝딱 아저씨는 주변을 둘러보며 물었어요.

"꼬꼬 아주머니, 세금으로 1,000따로를 내고 나면 먹고살 돈이 남아요?"

"반짝 아가씨, 1,000따로 있어요?"

"이영차 군, 세금 낼 돈 있어?"

아무도 대답하는 사람은 없었어요. 모두들 형편이 어려웠거든요. 항구 공사 때문에 세금은 세금대로 내고, 자기 일은 일대로 못 했으니까요. 닭을 키우는 꼬꼬 아주머니는 닭들을 제대로 보살피지 못해 달걀을 많이 얻지 못했어요. 장신구를 만드는 반짝 아가씨는 제때 반지와 목걸이를 만들 수 없어서 큰 손해를 봤고요. 어부 이영차 군은 오징어 잡는 시기를 놓쳐서 오징어잡이를 망치고 말았지요. 함께섬 사람들 중에 1,000따로를 내고도 괜찮을 사람은 아무도 없었어요. 1,000따로를 더 낸다면 모두들 당장 먹고살기도 힘든 처지였죠.

"딱딱왕한테 가서 못 낸다고 말합시다. 이러다가 굶어 죽겠어요!"

뚝딱 아저씨가 말했어요.

하지만 다들 눈만 끔뻑끔뻑할 뿐 대답이 없었어요. 힘들고 억울한 마음이야 다를 바 없지만 왕의 명령을 거역한다는 게 아무래도 내키지 않았어요. 말한다고 요구를 들어줄 것 같지도 않고 말이에요. 사람들은 시무룩해진 얼굴로 삼삼오오 흩어졌어요. 뚝딱 아저씨 역시 이발하는 것도 잊은 채 집으로 발걸음을 옮길 수밖에 없었죠.

함께섬 사람들의 마음이야 무겁든 말든 시간은 잘도 흘렀어요. 세금을 내야 할 날도 하루하루 다가왔죠. 그런데 그보다 한발 앞서 여름 태풍이 찾아왔어요. 함께섬 사람들은 마음을 졸이며 비바람이 몰아치는 창밖만 바라보았어요. 항구가 무너지지 않길 간절히 바라면서요. 더 이상은 항구 때문에 고통 받고 싶지 않았거든요. 그건 뚝딱 아저씨도 마찬가지였어요.

며칠 동안 몰아치던 비바람이 잠잠해진 날, 사람들은 눈을 뜨자마자 동쪽 바닷가로 달려갔어요. 항구가 잘 있나 보기 위해서요.

"이런, 말도 안 돼!"
"맙소사!"

동쪽 바닷가는 텅 비어 있었어요. 항구는 흔적도 없이 무너져 버렸어요. 뚝딱 아저씨는 머리끝까지 화가 났어요.
"더는 못 참아. 딱딱왕한테 가서 따질 거야!"

뚝딱 아저씨는 소매를 걷어붙이고 딱딱왕의 집으로 갔어요. 사람들도 그 뒤를 따랐어요. 왕의 집은 몰려든 사람들로 금세 북새통이 되었어요. 함께섬 사람들이 모두 모였으니 왜 안 그렇겠어요. 뚝딱 아저씨는 그동안 쌓였던 불만을 왕에게 마구 털어놓았어요. 어찌나 속 시원하게 말하던지 함께섬 사람들의 마음까지 뻥 뚫리는 것 같았죠.

"그러니까 세금을 더 걷지 말라고?"

딱딱왕이 물었어요.

"네."

"항구는 서쪽 바닷가에 만들고?"

"네."

딱딱왕의 콧수염이 파르르 떨렸어요. 몹시 화가 났다는 뜻이죠.

"맙소사. 내 평생 이렇게 황당한 소리는 처음 들어. 너무 황당해서 말이 안 나올 지경이야. 누가 함께섬의 일을 결정하지? 왕이야. 바로 나, 딱딱왕. 세 살배기

꼬맹이도 다 아는 사실이지."

딱딱왕이 뚝딱 아저씨를 째려보며 말했어요.

"세금을 걷을 거야. 항구도 다시 동쪽 바닷가에 만들고. 그게 내 결정이야. 함께섬을 위해 내린 이 딱딱왕의 결정이라고. 알겠어?"

딱딱왕은 한쪽 눈을 찡긋거렸어요.

"싫어요."

"뭐?"

"싫다고요. 세금 낼 돈 없어요. 동쪽 바닷가에 항구를 만드는 바보짓도 안 할 거예요."

"바, 바보짓?"

딱딱왕의 얼굴이 새빨갛게 달아올랐어요. 너무 화가 나서 말도 제대로 나오지 않았죠.

"이, 이, 이, 이 바보 멍청아! 항구를 서쪽 바닷가에 만드는 게 바보짓이야! 왕인 나에게 대드는 게 바보짓이라고!"

딱딱왕은 팔딱팔딱 뛰며 계속 소리쳤어요.

"저 바보 멍청이를 끌어내! 당장!"

하지만 움직이는 사람이 아무도 없었어요. 발을 동동 구르고 고래고래 고함을 질러도 누구 하나 나서는 사람이 없었죠.

"뭐야? 내 말 안 들려? 내 말을 안 듣겠다는 거야? 좋아. 그럼 내가 직접 끌어내 주지."

딱딱왕은 씩씩거리며 뚝딱 아저씨의 팔을 힘껏 잡아당겼어요. 하지만 뚝딱 아저씨는 꿈쩍도 하지 않았어요. 뚝딱 아저씨가 딱딱왕보다 훨씬 더 힘이 셌거든요.

"그만하세요, 딱딱왕님. 뚝딱 아저씨 말이 옳아요."

이영차 군이 말했어요. 그러자 반짝 아가씨도 거들었어요.

"맞아요. 뚝딱 아저씨가 옳아요."

사람들이 여기저기서 소리치기 시작했어요.

"항구는 서쪽 바닷가에 만들어야 해요."

"세금 낼 돈도 없어요."

딱딱왕은 깜짝 놀랐어요. 그렇게 말 잘 듣던 함께섬 사람들이 한목소리로 '싫다!'고 말하고 있는 거예요. 딱딱왕이 사람들에게 소리쳤어요.

"다들 제정신이야? 내 결정을 안 따르면 앞으로 함께섬 일은 어떻게 결정하겠다는 거야, 응?"

그러자 뚝딱 아저씨가 단호하게 말했어요.

"우리가 하면 돼요. 우리 스스로 함께섬의 일을 결정할 수 있어요. 우리가 함께섬의 주인이니까요."

"맞아요!"

함께섬 사람들은 모두 박수를 치며, 뚝딱 아저씨의 말에 찬성했답니다.

민주주의는 어떻게 이루어졌을까요?

초기의 나라들은 왕이 권력을 갖는 왕권 국가였어요. 왕의 권력이 어찌나 강했던지 프랑스의 왕 루이 14세는 '짐(왕)이 곧 국가다.'라고 말할 정도였죠. 그렇다면 국민이 주인인 '민주주의 국가'는 어떻게 생겨난 것일까요? 현대 민주주의를 만들어 낸 역사적 사건 두 가지를 살펴보아요.

미국 독립전쟁

옛날 사람들은 '왕이 없는 나라'를 상상할 수 없었어요. 세상 모든 나라에 왕이 있었기 때문이에요. 그러던 어느 날, 북아메리카에서 충격적인 사건이 일어났어요. '왕 없는 나라' 미국이 생겨난 거예요. 미국은 영국 사람들이 북아메리카로 건너가 원주민을 몰아내고 세운 식민지였어요. 식민지란 다른 나라의 지배를 받아서 자기 나라 일을 스스로 결정할 권리를 잃어버린 나라를 말해요. 곧, 주권이 없는 나라예요. 영국 왕이 미국 사람들을 못살게 굴자, 1775년에 미국은 반란을 일으켰어요. 조지 워싱턴을 대장으로 내세워 영국 군대에 맞선 것이지요. 프랑스, 스페인, 네덜란드 같은 나라들의 도움을 받아 1783년, 드디어 미국은 영국 군대를 물리치고 독립을 이루었어요. 이후 미국 사람들은 왕 대신 대통령을 뽑아 나라를 다스리게 했어요. 그렇게 뽑힌 첫 대통령이 바로 미국의 독립을 이끈 '조지 워싱턴'이랍니다.

1789년 4월 30일, 조지 워싱턴은 미국 초대 대통령에 취임했어요.

프랑스 시민혁명

미국의 등장은 바다 건너 유럽 사람들에게 큰 충격을 주었어요. 일부러 미국까지 가서 미국의 제도를 공부하고 돌아올 정도였죠.

그런 와중에 프랑스의 왕 루이 16세는 제멋대로 나라의 돈을 펑펑 썼어요. 어찌나 사치를 부렸던지 나라의 금고가 텅텅 빌 정도였죠. 하지만 루이 16세는 아랑곳하지 않았어요. 더 이상 견딜 수 없었던 프랑스의 시민들은 1789년, 감옥과 궁궐을 습격했어요. 그리고 국민들을 괴롭혀 온 왕과 귀족들을 죽이고 예전과는 전혀 다른 나라를 만들었죠. 왕이 아닌 국민의 손으로 뽑은 대표들이 이끄는 나라, 곧 민주주의 국가를 만든 거예요. 프랑스는 이 혁명으로 자유와 평등이 지배하는 새로운 세계를 열었어요. 하지만 왕과 귀족을 무차별하게 죽인 일 때문에 유럽 전 지역은 전쟁과 혼란에 휩싸였어요. 이런 시간이 모두 지나고 난 뒤, 유럽에도 민주주의의 물결이 전해졌답니다.

1789년, 프랑스에서는 시민들이 혁명을 일으켜 단두대에서 왕을 처형하고 왕권 국가가 끝났다고 선포했어요.

3장
많은 사람이 원하는 대로

무언가를 결정할 때 많은 사람이 원하는 대로 결정하는 것을 **다수결**이라고 해요. 다수결은 모두를 만족시킬 수 없지만, 보다 많은 사람을 만족시키는 의사 결정 방법이에요.

함께섬 사람들은 '우리가 함께섬의 주인이라고 선포한 날'을 '서쪽 바닷가의 날'이라고 불렀어요. 딱딱왕의 고집을 꺾고 항구를 서쪽 바닷가에 지을 수 있게 된 날이라는 뜻에서요. 하지만 실제로는 그보다 훨씬 더 큰 의미가 있는 날이었어요. '함께섬의 일은 왕이 결정한다.'는 오랜 전통을 깨고, '함께섬의 일은 함께섬 사람들이 스스로 결정한다.'는 새로운 원칙을 세운 날이었으니까요.

그날 이후 함께섬 사람들은 행복해졌을까요?

고집불통 왕한테서 벗어나 더 편하고 여유로워졌을까요?

그런데 이상하게도 그렇지가 않았어요. 어떨 땐 오히려 더 바쁘고 힘들었죠. 왜냐고요? 함께섬의 일을 함께섬 사람들이 스스로 결정하는 게 생각만큼 간단치가 않았어요.

일단 모두 한자리에 모이는 것부터 쉽지 않았어요. 함께섬 국민 가운데 어른만 따져도 127명이나 됐고, 그 중 몇몇은 꼭 사정이 있기 마련이었어요. 어렵게 시간을 맞춰 한자리에 모인다 해도 결정이 안 나기는 마찬가지였어요. 그게 무엇이든 모두가 찬성하는 의견 따위는 없었죠. 심지어 서쪽 바닷가에 항구를 만들자는 의견조차도요.

"난 반대야. 항구는 동쪽 바닷가에 만들어야 해."

딱딱왕도 함께섬 국민 중 한 명이었으니까요.

이번에 처리할 안건은…….

이렇게 한 사람만 반대를 해도 회의는 녹아내린 엿가락처럼 죽죽 늘어나 한도 끝도 없이 길어졌어요. 아무 결론도 나지 않는 회의가 밤낮 없이 이어지니 어떻게 지치지 않겠어요?

"우리, 1년 내내 회의만 하는 거 아니에요?"

"회의를 해 봤자 결정되는 것도 없고……."

"에휴, 정말 어렵네요!"

"이러다가 영원히 아무 결정도 못 내리는 것 아닐까요?"

다행히 그런 일은 일어나지 않았답니다. 회의 의장을 맡은 뚝딱 아저씨가 좋은 방법을 생각해 냈거든요.

"투표를 하는 거 어때요? 투표를 해서 더 많은 사람이 선택한 의견을 따르는 거예요."

유식한 말로 '다수결 투표'라는 방법이었죠. 다수결 투표로는 모두를 만족시키는 결정을 내릴 수는 없어요. 좀 더 많은 사람들을 만족시킬 수 있을 뿐이죠. 하지만 그게 결정을 못 하는 것보다는 훨씬 낫지 않겠어요?

이렇게 해서 함께섬 사람들이 내린 첫 번째 결정은 바로 '함께섬의 일은 다수결 투표로 정한다.'가 되었답니다. 그런 다음 함께섬 사람들은 다수결 투표로 가장 먼저 항구 위치를 정하기로 했어요.

　며칠 후 첫 투표일이 밝았어요. 모두들 조금은 설레고 긴장한 표정이었어요. 그 중에서도 뚝딱 아저씨는 유난히 더 떨렸어요. 난생 처음 하는 투표 관리를 뚝딱 아저씨가 맡았거든요.

　함께섬에 사는 어른 127명은 누구나 투표에 참여할 수 있어요. 뚝딱 아저씨는 투표할 사람들의 이름이 모두 적힌 선거인 명부를 만들었어요. 그리고 투표하러 온 사람마다 선거인 명부에서 이름을 찾아 서명을 받느라 진땀을 흘렸죠.

　"까까 군, 까까 군……. 여기에 서명을 하세요."

　까까 군은 자기 이름 옆에 서명을 했어요. 서명은 누가 투표에 참여했는지 표시해 두기 위해서 하는 거예요. 그래야 한 사람이 두 번, 세 번 투표하는 걸 막을 수 있으니까요. 뚝딱 아저씨는 까까 군에게 투표용지 한 장을 건네며 말했어요.

　"까까 군, 동쪽 바닷가와 서쪽 바닷가 중 어느 쪽에 항구를 만들지 결정하는 투표라는 것 알죠?"

　"그럼요."

　"투표소에 들어가서 원하는 쪽에 도장을 찍은 후 투표함에 넣으면 돼요."

까까 군은 투표용지를 들고 투표소로 들어갔어요. 한 번에 한 사람만 들어갈 수 있도록 만든 투표소였어요. 어느 쪽에 투표를 했는지 다른 사람이 볼 수 없도록 말이에요.

 뚝딱 아저씨는 선거인 명부에 서명을 받고 투표용지를 나눠 주느라 눈코 뜰 새 없이 바빴어요. 사람들은 섬을 위해 애쓰는 뚝딱 아저씨에게 정말 고마워했지요. 딱 한 사람, 딱딱왕만 빼고요.

 "쯧쯧, 함께섬 일을 투표로 결정하다니 정말 바보 같은 짓이야. 허구한 날 투표하느라 시간을 다 보내게 될 거라고."

 뚝딱 아저씨는 딱딱왕의 말을 못 들은 척하며 선거인 명부에 서명을 받고 투표용지를 건넸어요.

 "왜 한 장이야?"

 딱딱왕이 황당하다는 듯 말했어요.

"네?"

"투표용지가 왜 한 장이냐고?"

"원래 한 사람당 한 장인데요. 1인 1표."

그러자 딱딱왕이 뚝딱 아저씨에게 얼굴을 바싹 들이댔어요.

"나 왕이야. 딱딱왕."

"알아요."

"알면서 왜 한 장만 줘? 왕이 다른 사람들처럼 한 표만 찍을 수 있다는 게 말이 돼? 적어도 열 표는 줘야지."

뚝딱 아저씨는 고개를 저었어요.

"1인 1표예요."

"더 줘."

"1인 1표라니까요. 왕 아니라 왕 할아버지가 와도 한 사람당 한 표라고요."

딱딱왕은 화가 나서 펄펄 뛰었어요. 열 표를 주기 전에는 꼼짝도 하지 않겠다며 고래고래 소리를 질렀죠. 물론 아무 소용없는 짓이었어요. '함께섬에 사는 어른이면 누구나 한 사람당 한 표씩 투표한다.'

그게 새로 정한 다수결 투표의 원칙이었

거든요. 딱딱왕이 소란을 피웠음에도 불구하고 투표는 무사히 끝났어요.

투표 결과가 발표된 순간, 함께섬 사람들은 서로 얼싸안으며 기뻐했어요. 서쪽 바닷가에 항구를 짓게 된 것도 기뻤지만, 무엇보다 모두의 뜻을 모아 함께섬의 일을 결정했다는 사실이 말할 수 없이 뿌듯했지요.

"이젠 걱정할 필요 없어. 다 잘될 거야."

뚝딱 아저씨도 감격에 젖어 중얼거렸답니다.

어떻게 결정할까요?

모든 사람의 의견이 똑같다면 좋겠지만, 현실에서 만장일치를 이루는 경우는 거의 없어요. 그래서 보다 많은 사람이 원하는 쪽으로 의견을 결정하지요. 그게 '다수결의 원칙'이에요. 우리나라에서는 대통령이나 국회 의원을 뽑을 때도, 학급에서 회장을 뽑을 때도 다수결의 원칙을 따라요. 다수결은 개개인이 각자 한 표씩 행사하는 평등 개념을 품고 있어요.

모든 사람이 의견이 같을 때 '만장일치'라고 해요.

많은 사람이 원하는 대로 의견을 결정하는 것이 '다수결'이에요.

다수결은 모두를 만족시킬 수 없다는 단점을 갖고 있어요. 또한 옳고 그르고를 따지는 게 아니기 때문에, 많은 사람이 찬성하기만 하면 잘못된 결정을 내릴 위험도 있어요. 그래서 무턱대고 다수결로 결정하는 게 언제나 좋은 건 아니에요. 이런 단점을 보완하기 위해, 다수결로 의견을 정할 때는 다음과 같은 점을 잘 지켜야 해요.

충분한 대화와 토론을 해요.

다수결의 원칙이 제대로 이루어지려면 먼저 충분한 대화와 토론이 필요해요. 다른 의견을 지닌 사람들이 왜 그런 주장을 펼치는지 까닭을 듣고, 각자 자기 의견을 결정하는 시간을 가져야 해요. 다른 사람의 의견을 들으며 몰랐던 사실도 새롭게 알게 되고, 각 주장의 장점과 단점도 파악하게 되지요.

다양한 사람들의 생각과 의견을 존중해요.

다수결로 결정을 내리기 전에 누구나 자유롭게 자기 의견을 얘기할 수 있어야 해요. "어린 게 뭘 안다고 그래?" 하듯이 사회적 지위나 성별, 학벌, 종교, 나이에 따라 의견을 얘기할 기회가 제한되어서는 안 돼요. 각기 다른 상황과 입장을 지닌 사람들이 자유롭게 자기 의견을 말해야 다양한 방향에서 판단해 볼 수 있어요.

소수 의견을 존중해요.

적은 수의 사람이 낸 의견도 무시해서는 안 돼요. 다양한 의견을 존중하는 것이 민주주의 기본 정신이니까요. 또한 많은 사람들이 찬성한 의견이 반드시 옳다고 할 수도 없어요. 소수 의견이더라도 충분히 의미 있는 의견일 수 있기 때문에, 귀 기울여 듣고 고민해 봐야 해요.

4장
법을 만들어

법을 만들고, 법에서 정한 대로 나라를 운영하는 것을 법치주의라고 해요. 왕은 자기 뜻대로 나라를 다스렸지만, 국민이 뽑은 대표는 법에 따라 나라를 운영해야 해요.

힘들게 산을 넘었는데 눈앞에 또 산이 있다면, 얼마나 지칠까요? 요즘 함께섬 사람들이 딱 그 상황이에요. 결정거리가 줄줄이 사탕처럼 꼬리에 꼬리를 물고 이어졌거든요.

 항구 공사만 해도 그래요. 서쪽 바닷가에 항구를 만들기로 결정한다고 끝이 아니었어요. 일을 막상 시작하려니 공사를 이끌 사람이 없는 거예요. 그래서 공사를 이끌 사람을 결정하는 투표를 했죠. 이젠 다 됐나 했는데 이번엔 항구 공사에 쓸 세금을 얼마나 거둘지 결정해야 했어요. 항구 공사 하나 하는 데에도 세 번, 네 번 투표를 하게 된 거예요.

 그런데 함께섬 일이 어디 항구 공사뿐인가요? 새 도로를 까는 일, 쉼터를 만드는 일, 사람들끼리 다툼이 일어났을 때 해결하는 일……. 이 모든 일들을 결정하려니 하루 건너 한 번씩 투표를 해야 할 지경이었죠.

누가 항구 공사를 이끌죠?

세금은 얼마나 거둘까요?

"투표를 너무 자주 하니까 일할 시간이 없어요."

사람들은 사람들대로 불만이 쌓였어요.

"휴, 허구한 날 투표 준비를 하는 나도 죽을 맛이에요."

뚝딱 아저씨는 뚝딱 아저씨대로 힘이 들었죠.

다수결 투표도 똑 부러지는 해결 방법이 아니었던 거예요. 뚝딱 아저씨는 또 다시 고민에 빠졌어요. 밥을 먹을 때도, 세수를 할 때도, 목공소에서 일을 할 때도 생각하고 또 생각했어요. 하지만 뾰족한 방법이 떠오르질 않았죠.

"에휴, 기분 전환도 할 겸 이발이나 할까?"

뚝딱 아저씨는 까까 군 이발소에 갔어요.

"문제긴 문제예요. 투표를 너무 자주 해서 일을 할 수가 없을 지경이니까요. 옛날처럼 딱딱왕한테 다시 함께섬 일을 맡겨야 한다는 사람들까지 생겼다니까요."

언제부터 공사를 시작할까요?

휴~ 의논할 게 너무 많아요!

까까 군의 말에 뚝딱 아저씨는 한숨을 푹 내쉬었어요.

"그럴 만도 하지. 뭐 하나 쉽게 되는 게 없잖아."

"그래도 저는 딱딱왕이 다시 함께섬을 다스리는 건 싫어요. 딱딱왕은 자기만 알고, 고집이 너무 세다고요. 다른 사람이라면 또 모를까……."

"다른 사람?"

"네. 딱딱왕처럼 제멋대로인 사람 말고 함께섬을 제대로 이끌 수 있는 사람이요."

뚝딱 아저씨는 멍한 표정으로 까까 군을 쳐다보았어요.

"다른 사람! 바로 그거야!"

뚝딱 아저씨가 자리에서 벌떡 일어나며 소리쳤어요. 그리고는 까까 군을 힘껏 끌어안았죠.

"고마워, 까까 군. 자네는 천재야, 천재!"

"제, 제가요?"

까까 군은 어리둥절한 표정으로 말했어요.

뚝딱 아저씨는 이발소를 나서 부리나케 함께섬 회관으로 달려갔어요. 좋은 방법이 떠올랐는데, 그걸 사람들에게 빨리 알려 주고 싶었거든요. 그런데 어쩐 일인지 회관 앞에 이미 꽤

많은 사람들이 모여 있었어요. 딱딱왕이 사람들을 모아 놓고 연설을 하고 있었던 거예요.

"이대로는 안 돼! 뭐 하나 되는 일이 없잖아. 허구한 날 쓸데없는 투표를 하느라 일할 시간을 죄다 빼앗기고, 먹고살기는 점점 더 힘들어졌어. 왜 이렇게 됐을까? 응?"

딱딱왕은 근엄한 표정으로 사람들을 둘러보았어요.

"그건 바로 나, 딱딱왕을 쫓아냈기 때문이야. 함께섬을 위해 항상 노력하며 현명한 결정을 내려온 나를 말이야. 여기 모인 사람들도 뚝딱이 편에 서서 나를 몰아냈지? 그 일을 생각하면 지금도 화가 나. 하지만 어쩌겠어. 함께섬이 이렇게 어려움에 처했는데 내가 나설 수밖에. 내가 다시 왕이 되어 줄게."

딱딱왕이 주먹을 불끈 쥐며 소리쳤어요. 하지만 사람들은 멀뚱멀뚱 딱딱왕 얼굴만 쳐다볼 뿐 별 반응이 없었어요.

"음…… 내가 다시 왕이 돼 준다는데, 기쁘지 않아?"

"……."

딱딱왕은 흠, 하고 헛기침을 했어요.

"있지…… 다시 왕이 돼도 동쪽 바닷가에 항구를 안 만들게. 나도 이번 일로 느낀 점이 많아. 고집도 안 부리고 세금도 적게 거둘 거야. 사실 언제까지 투표만 하고 있을 수는 없잖아. 내가 다시 왕을 하면 안 될까? 어차피 왕은 필요하다고."

딱딱왕은 빌다시피 말했어요.

"그래요! 딱딱왕 말이 맞아요!"

뚝딱 아저씨가 불쑥 나서며 말했어요.

"우리에겐 대표가 필요해요. 함께섬을 잘 이끌 수 있는 훌륭한 대표요. 함께섬의 모든 일을 사사건건 다 투표로 결정할 수는 없으니까요."

딱딱왕은 감동 받은 표정으로 고개를 끄덕였어요. 뚝딱 아저씨가 이제야 정신을 차렸구나, 하고 생각했죠. 다음 말을 듣기 전까지는요.

"우리, 투표로 대표를 뽑아요. 그리고 그 사람에게 함께섬 일을 맡기는 거예요."

"뭐, 뭐라고?"

딱딱왕이 펄쩍 뛰었어요.

"그게 무슨 바보 같은 소리야? 멀쩡한 왕을 놔두고 투표로 대표를 뽑는다고? 그게 말이 돼? 그 대표가 제멋대로 하면 어쩌려고?"

딱딱왕이 발끈 화를 냈어요. 뚝딱 아저씨가 빙그레 웃으며 말했어요.

"맞아요! 새로 뽑힌 대표가 제멋대로일 수도 있지요. 그러니까 제멋대로 하지 못하게 만들 방법이 필요해요. 그래서 말인데요, 법을 만드는 게 어떨까요? 대표가 할 수 있는 일과 할 수 없는 일을 법으로 정하는 거예요."

뚝딱 아저씨 말은 이랬어요. 함께섬 사람들의 뜻을 모아 법을 만들고, 법에 따라 대표를 뽑은 뒤에 대표도 그 법을 지키도록 하자는 거였어요. 그러면 예전에 딱딱왕이 그랬던 것처럼 제멋대로 함께섬 일을 결정할 수는 없을 테니까요.

"그냥 내가 왕을 할게. 내가 할 거라고. 내가 왕이잖아."

함께섬 사람들은 알고 있었어요. 어린애처럼 마구 떼를 쓰는 고집쟁이 딱딱왕이 사람들을 얼마나 힘들게 하는지 말이에요.

"좋아요, 법을 만듭시다!"

"그래요, 기왕 이렇게 된 거 끝까지 해 보자고요!"

좋은 대표를 뽑을 수만 있다면, 함께섬 사람들은 법을 만드는 수고쯤이야 얼마든지 참을 수 있었답니다.

무엇에 따라 나라를 다스릴까요?

왕권 국가에서 왕들은 자기 마음대로 나라를 다스렸어요. '왕이 나라의 주인'이라는 표현이 딱 맞아떨어졌죠. 반면에 '민주주의 국가의 주인은 국민'이에요. 그렇다고 국민이 옛날 왕처럼 나랏일을 마음대로 할 수 있는 것은 아니에요. 실제로 나라의 중요한 일은 대통령이 결정하잖아요. 그럼에도 불구하고 국민을 주인이라고 하는 까닭은 무엇일까요?

"나는 헌법을 준수하고 국가를 보위하며 조국의 평화적 통일과 국민의 자유와 복리의 증진 및 민족 문화의 창달에 노력하며 대통령으로서의 직책을 성실히 수행할 것을 국민 앞에 엄숙히 선서합니다." 대통령은 취임식에서 법을 지키겠다고 선서해요. 민주주의 국가에서는 대통령이라도 법을 꼭 지켜야 해요.

바로 '법' 때문이에요. 민주주의 국가에서 법은 국민들의 뜻을 모아 만든 규범이에요. 대통령이라 할지라도 국민들이 뜻을 모아 만든 법을 지켜야 하고, 법에 따라 나라를 다스려야 해요. 또한 법에서 정해진 권한만 쓸 수 있어요. 이것은 곧 국민이 법을 통해 나라를 지배하는 것과 마찬가지예요. 법에 따라 나라를 다스리는 '법치주의'는 반드시 지켜져야 할, 민주주의의 가장 중요한 원칙이에요.

헌법

법 중에 가장 기본이 되는 법이자, 민주주의의 정신을 담고 있는 최고의 법이에요. 국민이 누릴 권리와 지켜야 할 의무를 비롯하여 국가의 일은 누가, 어떻게 맡아서 할 것인지 등을 정해 놓은 법이지요. 다른 모든 법들은 바로 이 헌법에 담긴 정신에 맞게 만들어져야 해요. 나라의 모든 일이 헌법에 따라 이루어진다고 해서 민주주의 정치를 '입헌 정치'라고 부르기도 한답니다.

> **대한민국 헌법 제1조**
> ① 대한민국은 민주 공화국이다.
> ② 대한민국의 주권은 국민에게 있고, 모든 권력은 국민으로부터 나온다.

법률

헌법 다음 단계의 법으로, 헌법 정신에 어긋나면 안 되는 법이에요. 주로 국회에서 의논해서 정하고 대통령이 국민에게 알리지요. 개인의 가족 관계나 재산과 연관된 내용을 규정하는 '민법', 범죄의 유형과 형벌 내용을 규정한 '형법', 기업 활동과 관련된 내용을 규정한 '상법' 등이 법률에 속해요.

5장
정치 주장이 같은 사람들

정치적 뜻이나 주장이 같은 사람들이 모여 만든 단체를 **정당**이라고 해요. 정당은 권력을 잡아서 자신들이 옳다고 생각하는 일을 실현하는 게 목표예요.

뚝딱 아저씨는 눈코 뜰 새 없이 바쁜 나날을 보냈어요. 낮에는 목공소에서 주문 받은 가구를 만들고, 저녁에는 함께섬 회관에 들러 법 만드는 회의를 이끌었어요. 집으로 돌아와서는 그날 회의 내용 가운데 잘못된 것이나 빠진 것은 없는지 살피고는 늦은 밤이 되어서야 잠자리에 들었죠.

너무 무리한 탓일까요? 뚝딱 아저씨는 법을 다 만들자마자 몸살로 몸져눕고 말았답니다.

"뚝딱 아저씨, 뚝딱 아저씨. 집에 계세요?"

목공소 문까지 닫고 누워 있을 때였어요. 까까 군과 꼬꼬 아주머니와 반짝 아가씨가 다급하게 뚝딱 아저씨를 불렀어요. 뚝딱 아저씨는 무거운 몸을 간신히 일으켰어요.

"오늘은 주문 못 받는데……. 몸살이 났거든요."

뚝딱 아저씨가 잠이 덜 깬 눈을 비비며 말했어요.

"가구 주문 때문에 온 게 아니에요. 딱딱왕이 사람들을 끌어모으고 있어요."

꼬꼬 아주머니가 다급한 목소리로 말했어요.

"딱딱왕이 대통령 선거에 나올 모양이에요. 자기를 편들어 줄 사람들을 엄청나게 모았어요."

대통령은 나라를 다스리는 대표를 뜻해요. 얼마 전 함께섬 회의에서 그렇게 정했어요.

"이러다가 정말로 딱딱왕이 대통령으로 뽑히면 어떡해요?"

까까 군과 반짝 아가씨가 울상을 지으며 말했어요. 그러니까 세 사람은 딱딱왕이 대통령으로 뽑힐까 봐 걱정이 돼서 뚝딱 아저씨를 찾아온 거예요. 뚝딱 아저씨는 별 걱정을 다 한다 싶었죠.

"딱딱왕도 함께섬 국민이니까 당연히 대통령 후보로 나올 수 있지요. 우리가 만든 법에 그렇게 정해져 있으니까요. 그런데 고집쟁이 딱딱왕을 뽑아 줄 사람이 있을까요?"

"뚝딱 아저씨가 못 봐서 그래요. 지금 딱딱왕 집에 엄청나게 많은 사람들이 모였어요."

반짝 아가씨가 걱정스러운 듯 말했어요.

"에이, 설마?"

"진짜라니까요."

뚝딱 아저씨는 까까 군, 꼬꼬 아주머니, 반짝 아가씨와 함께 딱딱왕의 집으로 갔어요. 뚝딱 아저씨는 깜짝 놀라고 말았어요. 반짝 아가씨의 말대로 엄청나게 많

은 사람들이 딱딱왕의 집에 모여 있었어요.

딱딱왕의 집 지붕 위로 형형색색 광고풍선이 둥둥 떠 있었어요. 광고풍선 아래로 '으뜸족장당 창당 대회'라는 큼직한 현수막이 펄럭거렸고요. '창당'이라는 건 정당을 새로 만든다는 뜻이에요. 딱딱왕이 사람들을 모아 으뜸족장당이라는 정당을 만든 거예요. 창당 대회에 참석한 사람들은 마당에 푸짐하게 차려진 음식을 먹으며 즐거운 듯 수다를 떨고 있었어요.

"뚝딱이 자네도 우리 으뜸족장당에 들어오고 싶어서 왔나?"

딱딱왕이 뚝딱 아저씨에게 종이 하나를 내밀었어요. 으뜸족장당에 들어갈 때 쓰는 입당 신청서였어요.

"우리 으뜸족장당은 잘사는 함께섬, 부자 되는 함께섬을 만들기 위한 정당이라네. 뜻을 함께하는 사람들이라면 누구나 환영일세."

딱딱왕이 꼬부라진 콧수염을 씰룩거리며 말했어요.

반짝 아가씨의 말이 옳았어요. 딱딱왕은 선거에 나가 함께섬의 첫 대통령이 되겠다고 마음먹은 거예요. 그리고 충분히 새 대통령으로 뽑힐 것 같았어요. 여기 모인 사람들이 모두 딱딱왕을 뽑는다면 말이에요. 뚝딱 아저씨가 혼란스러운 사이 까까 군과 반짝 아가씨와 꼬꼬 아주머니가 돌아가며 말했어요.

"이대로 가만있으면 안 돼요. 딱딱왕이 대통령이 된다고 생각해 보세요. 그동안의 노력이 모두 물거품이 될 거예요."

"맞아요! 모든 게 예전으로 돌아갈 거라고요."

"그러니까 우리도 정당을 만들어야 해요."

그리하여 네 사람은 새로운 정당을 만들기로 뜻을 모았어요. 네 사람은 뚝딱 아저씨네 목공소로 돌아가 정당을 만들기 위한 회의를 했어요. 새로운 정당의 목표는 분명했어요. 함께섬 사람 모두가 평등한 나라를 만드는 거였죠. 그래서 새로운 정당 이름을 '함께평등당'이라고 정했어요.

함께평등당은 가난했어요. 으리으리한 창당 대회도 열지 못했고, 근사한 광고풍선도 띄우지 못했어요. 뚝딱 아저씨의 목공소에 '함께평등당'이라고 쓴 푯말을 세운 게 고작이었죠. 하지만 열정만큼은 뜨거웠어요.

"함께평등당입니다. 뜻을 모아 모두 함께 평등하게 살 수 있는 나라를 만들어 가요!"

"우리는 가난하든 부자든, 남자든 여자든, 모두 똑같은 사람입니다. 공정하고 평등한 나라를 만들어 가요!"

"누구나 평등하게 존중받아야 해요. 함께평등당에 힘을 모아 주세요!"

"우리는 모두 행복하게 살 권리가 있어요. 함께평등당에서 행복한 나라를 만들어요!"

네 사람은 함께평등당에 들어올 당원을 모집하기 위해 함께섬 사람들을 한 명 한 명 찾아다니면서 함께평등당의 정신을 알렸어요. 매일매일 모여서 어떻게 하면 함께섬이 더 살기 좋은 나라가 될까 고민했고요.

"우리 대통령 선거에서 꼭 이겨요."

"그래요. 힘을 합쳐 살기 좋은 함께섬을 만들자고요."

"그래요. 힘냅시다."

"함께평등당, 파이팅!"

네 사람은 서로를 격려하며 살기 좋은 함께섬을 만들기 위해 힘을 냈습니다.

정당의 목적은 무엇일까요?

 정당이란 나랏일에 대해 비슷한 생각을 가진 사람들이 모여서 만든 단체예요. 정당들은 자신들이 생각한 대로 나라를 이끌 수 있는 힘을 갖기 위해서 노력해요. 그래서 가능한 한 많은 국회 의원을 당선시키고, 자기 정당의 후보가 대통령이 되도록 힘쓰지요. 정당의 후보가 대통령이나 국회 의원이 되면, 원하는 정책을 펴거나 원하는 법을 만들 때 더 유리하기 때문이에요. 정치인만 정당에 소속되어 활동하는 건 아니에요. 일반 국민들도 정당에 가입해서 활동할 수 있어요.

대통령이 속한 정당   여당을 뺀 나머지 정당

정당 가운데 대통령이 속한 정당이 '여당'이에요. 여당은 대통령이 정책을 펼치는 데 주도적으로 힘을 모아요.

여당을 뺀 나머지 정당들을 '야당'이라고 해요. 야당이 하나인 나라도 있고, 야당이 여럿인 나라도 있어요.

국회 의원 수가 20명이 넘는 정당을 '교섭 단체'라고 해요. 교섭 단체가 되면 국회가 어떤 일을 하려고 할 때 협의하는 회의에 참가할 수 있어요.

다당제와 양당제

민주주의 국가의 국민이라면 누구나 자유롭게 정당을 만들 수 있어요. 하지만 국민의 지지를 받는 정당의 숫자는 나라마다 달라요. 세 개 이상의 정당이 엇비슷한 힘을 갖는 경우를 '다당제'라고 해요. 우리나라와 프랑스, 독일 같은 나라는 다당제 국가예요. 국민들이 선택할 수 있는 정당이 많은 만큼 다양한 생각을 담아낼 수 있지만, 자칫 의견이 모아지지 않아 혼란스러울 염려도 있어요.

반면 미국과 영국처럼 2개의 정당이 힘을 나눠 갖는 경우를 '양당제'라고 해요. 힘이 있는 정당이 둘뿐이기 때문에 나랏일을 효율적으로 처리할 수 있지만, 국민의 다양한 바람을 담아내기 힘들다는 단점도 있지요.

미국은 민주당과 공화당, 두 개의 정당이 힘을 나눠 갖는 대표적인 양당제 국가예요.

6장
나 대신 누구?

나랏일에 국민 모두가 참여하기는 어려워요. 그래서 나를 대신할 사람을 뽑아 나랏일을 맡아 처리하도록 하지요. 이렇게 나를 대신할 사람을 뽑는 일을 선거라고 해요.

드디어 함께섬의 대통령을 뽑는 선거 기간이 시작되었어요. 함께섬 회관 입구에 '선거 관리 위원회'라고 적힌 커다란 간판이 붙었죠. 뚝딱 아저씨는 잔뜩 긴장한 표정으로 회관 문을 열었어요.

"휴, 엄청 떨려. 내가 잘할 수 있을까?"

뚝딱 아저씨가 중얼거렸어요.

"잘할 수 있고 말고요. 아저씨만큼 우리 함께섬을 잘 이끌 수 있는 사람이 어디 있겠어요?"

"어깨를 펴세요. 아저씨는 우리 함께평등당의 자랑스러운 대통령 후보잖아요."

"뚝딱 아저씨, 파이팅!"

꼬꼬 아주머니와 까까 군, 반짝 아가씨가 뚝딱 아저씨를 응원해 주었어요. 하지만 선거 관리 위원장인 허허 할아버지의 생각은 다른 것 같았어요.

"자네가 여긴 어쩐 일이야?"

허허 할아버지는 뚝딱 아저씨를 보자마자 얼굴을 잔뜩 찌푸렸어요.

"대통령 후보 등록을 하려고요."

"후보 등록? 자네가?"

"네."

"자네는 목수잖아."

마치 목수는 대통령 후보로 나오면 안 된다는 식의 말투였죠. 뚝딱 아저씨가 뭐라고 대꾸를 하려는데 회관 문이 벌컥 열렸어요.

"허허 할아버지, 잘 지내셨습니까?"

딱딱왕이 기차 화통을 삶아 먹은 듯 큰 소리로 인사를 하며 들어왔어요.

"딱딱왕, 어서 오세요. 저번에 주신 찹쌀떡은 아주 잘 먹었어요. 쫀득쫀득하니 정말 맛나더군요."

허허 할아버지는 언제 얼굴을 찌푸렸냐는 듯이 딱딱왕을 보고 싱글벙글 웃었어요. 뚝딱 아저씨를 대할 때랑은 완전 딴판이었죠.

"어디 보자, 대통령 후보 등록하러 오셨죠? 자, 여기에 이름을 쓰면 됩니다."

허허 할아버지는 후보 등록 서류를 딱딱왕 앞에 냉큼 내밀었어요. 딱딱왕이 후보 등록을 하러 왔다는 말도 하지 않았는데 말이에요. 뚝딱 아저씨는 억울한 기분이 들었어요.

"저도 서류 주세요."

뚝딱 아저씨의 말에 허허 할아버지는 다시 얼굴에 오만상을 지었어요.

"누가 안 준대? 좀 기다려."

뚝딱 아저씨는 기가 막혔어요. 선거 관리 위원회는 선거가 공정하고 바르게 이루어지도록 선거에 관한 일을 맡아 처리하는 곳이에요. 그런데 선거 관리 위원장인 허허 할아버지는 전혀 공정해 보이지 않았죠. 뚝딱 아저씨는 애써 별일 아니라고 생각했어요.

'괜찮아! 허허 할아버지 말고 누가 고집쟁이 딱딱왕을 좋아하겠어? 선거 운동이 시작되면 모두들 우리 함께평등당으로 몰릴 거야.'

뚝딱 아저씨는 당연히 그럴 거라고 믿었어요. 선거 벽보가 붙기 전까지는 말이에요. 선거 벽보가 붙자 뚝딱 아저씨의 마음은 더욱 걱정스러워졌어요.

딱딱왕의 벽보는 사람들의 눈길을 단번에 사로잡았어요. 화려한 디자인에 형형색색의 그림이 들어간 아주 예쁜 벽보였어요. 멀리서 봐도 눈에 확 띄었죠. 반면 뚝딱 아저씨의 벽보는 읽다 버린 신문지처럼 볼품이 없었어요. 뚝딱 아저씨는 돈이 없어서 화려한 벽보를 만들 수가 없었거든요.

모든 게 그런 식이었어요.

함께평등당

모두가 존중받는 평등한 세상을 만들겠습니다

〈함께평등당 뚝딱 후보 공약〉

1. 민주주의 발전을 위해 민주주의 연구소를 세우겠습니다.

2. 함께섬 사람들의 의견을 직접 들을 수 있도록 대통령 전용 편지함을 만들겠습니다.

3. 장애인과 노약자를 위한 시설을 늘리겠습니다.

기호 2 뚝딱

뚝딱 아저씨는 마이크도 없이 연설을 했어요.

"여러분, 우리는 스스로 함께섬의 일을 결정하기로 했습니다. 하지만 아직 부족한 게 많습니다. 저 뚝딱이가 대통령이 된다면 민주주의를 더 발전시킬……."

뚝딱 아저씨가 고래고래 고함을 지르며 연설할 때면, 딱딱왕이 꽃마차처럼 꾸민 차를 타고 나타나는 거예요. 쿵짝쿵짝, 시끄러운 음악을 틀고서 말이죠. 그러고는 확성기에 대고 웅장한 목소리로 말했어요.

"기호 1번 딱딱을 뽑아 주십시오. 제가 여러분을 부자로 만들어 드리겠습니다. 어떻게 만들어 드리느냐? 제 전 재산을 내놓겠습니다. 또……."

딱딱왕의 확성기 소리에 묻혀 뚝딱 아저씨의 목소리는 아예 들리지도 않았어요.

딱딱왕은 으리으리한 현수막을 함께섬 곳곳에 걸었어요. 뚝딱 아저씨는 그 반에 반도 걸 수가 없었어요. 돈을 펑펑 쓰는 딱딱왕을 도저히 당해 낼 재간이 없었죠.

"뚝딱 아저씨, 힘내세요! 꼭 이겨야 해요!"

"우린 뚝딱 아저씨를 믿어요!"

그나마 응원해 주는 사람들이 있어서 뚝딱 아저씨와 함께평등당 사람들은 힘을 낼 수 있었어요. 뚝딱 아저씨와 함께평등당 사람들은 대통령이 되면 무엇을 할지 약속하는 공약을 알리는 데 힘을 기울였어요.

하루하루 대통령 선거일이 다가왔어요. 함께섬 대통령을 뽑는 첫 선거, 과연 함께섬 사람들은 누구를 선택할까요?

선거는 어떻게 진행되나요?

국민 모두가 나랏일에 직접 참여할 수 있다면 가장 좋겠지만, 현실적으로 그러기는 어려워요. 저마다 해야 할 일이 있고, 다 함께 한자리에 모이기도 힘드니까요. 그래서 국민들은 선거를 통해 자신의 의견을 대신해 줄 대표를 뽑아요. 나라를 대표하는 대통령, 국민을 대표하는 국회 의원, 시와 도 지역을 대표하는 시장과 도지사, 구 지역을 대표하는 구청장 등 여러 대표를 뽑지요. 국민이 대표자를 뽑는 선거는 '민주주의의 꽃'이라고 불릴 정도로 중요한 제도예요.

선거의 4원칙

보통 선거: 법에서 정한 나이에 이르면 조건이나 제한 없이 선거할 수 있다.
평등 선거: 부자든 가난하든, 남자든 여자든, 모든 표의 가치는 한 사람당 한 표씩 같다.
직접 선거: 투표할 사람이 직접 투표장에 나가 선거해야 한다.
비밀 선거: 투표할 때 누구에게 투표했는지 알 수 없게 선거해야 한다.

선거는 선거 관리 위원회를 통해 진행되어요. 선거 관리 위원회는 선거를 공정하게 관리하는 국가 기관이에요. 선거인 명부를 만드는 일부터 개표까지 선거의 모든 과정을 도맡아 처리하고, 선거 과정에서 법에 어긋나는 일이 없는지도 감시하지요.

선거 진행 과정

선거 관리 위원회가 투표에 참여할 사람들의 이름을 모두 적은 '선거인 명부'를 만들어요.

선거에서 후보로 나설 사람들이 선거 관리 위원회에 가서 '후보자 등록'을 해요.

법에 정해진 기간과 방식에 따라 후보자들이 '선거 운동'을 해요.

투표권을 지닌 사람들이 원하는 후보에게 표를 주는 '투표'를 해요.

투표함을 열고 표를 세는 '개표'를 해서 당선자를 결정해요.

선거 관리 위원회에서 당선된 후보에게 '당선증'을 줘요.

7장
나라를 대표하는 사람

대통령은 나라를 대표하는 사람이에요. 나라를 대표해서 국제 회의에 참여하고, 나라의 중요한 일도 결정하지요. 우리나라에서는 선거를 통해 국민이 직접 대통령을 뽑아요.

시끌벅적했던 선거 운동 기간이 끝나고 드디어 대통령 선거를 했어요. 그리고 그날 밤, 투표 결과를 발표하는 순간이 다가왔어요. 함께섬 회관 안은 결과를 보려는 사람들로 북적북적했어요. 뚝딱 아저씨와 함께평등당 사람들, 딱딱왕과 으뜸족장당 사람들은 맨 앞줄에 긴장된 표정으로 앉아 있었어요.

선거 관리 위원장인 허허 할아버지가 투표함을 들고 앞으로 나왔어요.

"오래 기다리셨습니다. 지금부터 제1회 함께섬 대통령 선거 투표함을 열도록 하겠습니다."

허허 할아버지가 첫 투표용지를 펼쳐 보이며 소리쳤어요.

"기호 2번 뚝딱 한 표."

뚝딱 아저씨는 침을 꼴깍 삼켰어요.

"기호 2번 뚝딱 한 표."

"기호 1번 딱딱 한 표."

허허 할아버지가 투표용지를 들어 보이며 소리칠 때마다 뚝딱 아저씨의 가슴이 철렁철렁 내려앉았어요. 딱딱왕도 초조한 듯 동그랗게 말린 자기 콧수염을 쉼 없이 비비적거렸죠.

"걱정 마세요. 이길 거예요. 아무리 돈을 많이 썼어도 사람들이 딱딱왕을 뽑을 리 없잖아요."

꼬꼬 아주머니가 뚝딱 아저씨의 어깨를 두드리며 말했어요. 뚝딱 아저씨는 고개를 끄덕였어요. 그 동안 딱딱왕 때문에 함께섬 사람들이 겪은 고생을 생각하면 딱딱왕을 대통령으로 뽑아 줄 리 없어요. 그런데 이게 웬일일까요? 두 사람의 표 차이가 좀처럼 벌어지지 않는 거예요. 어찌나 팽팽했던지 마지막 한 표가 남았는데도 승부가 갈리지 않았어요.

62 대 62

모두들 숨을 죽인 채 마지막 표를 바라보았어요.

"이 한 표가 승부를 가르겠군요. 마지막 한 표는……."

허허 할아버지가 마지막 표를 집어 들었어요.

"기호 1번 딱딱입니다."

허허 할아버지가 투표용지를 내보이며 말했어요.

뚝딱 아저씨는 고개를 푹 숙였어요. 딱딱왕은 환호성을 질렀고요.

그때 꼬꼬 아주머니가 자리에서 벌떡 일어났어요.

"잠깐만요. 우리 함께섬 사람 가운데 투표권이 있는 어른은 모두 127명이에요. 그런데 왜 125표뿐이죠? 아직 세지 않은 표가 있는 것 아닌가요?"

허허 할아버지는 투표에 참여한 사람들을 표시해 둔 선거인 명부를 펼쳤어요.

"보자, 빠진 사람이……. 여기, 가두리 아줌마와 이영차 군이 투표에 참여하지 않았군요."

"뭐, 뭐라고요?"

뚝딱 아저씨와 함께평등당 사람들은 깜짝 놀랐어요. 둘 다 뚝딱 아저씨가 대통령으로 뽑혀야 한다고 믿는 사람들이었거든요. 두 사람만 참여했어도 63 대 64로 뚝딱 아저씨가 이겼을 거예요.

"잠깐만요. 우린 아직 투표 못 했어요."

그제야 가두리 아줌마와 이영차 군이 헐레벌떡 뛰어왔어요.

"양식장 그물이 찢어졌지 뭐예요. 그걸 고치느라 늦었어요. 지금 투표할 수 있죠?"

허허 할아버지는 고개를 저었어요.

"안 돼. 투표 시간이 지났어."

"지금이라도 하게 해 주세요. 한 시간밖에 안 늦었잖아요."

이영차 군이 떼를 썼지만 소용없었어요. 함께섬 법에 투표 시간은 오후 여섯 시까지라고 정해져 있었거든요.

뚝딱 아저씨도, 반짝 아가씨도, 꼬꼬 아주머니도, 까까 군도 모두 넋을 잃은 표정이었어요.

"뭘 그렇게 놀라?"

딱딱왕이 싱글벙글 웃으며 말했어요.

"내가 함께섬의 대통령이야. 딱딱 대통령. 예전에도 그랬고, 지금도 그렇고, 앞으로도 그럴 거야. 함께섬 일은 나한테 맡기고 뚝딱이 자네는 가서 열심히 가구나 만들라고. 하하하."

딱딱왕은 뚝딱 아저씨의 어깨를 툭툭 치며 말했어요.

이튿날 아침, 함께섬 제1대 대통령 취임식이 열렸어요. 대통령으로서 맡은 일을 하기 위해 처음으로 그 자리에 오르는 행사예요. 딱딱왕 아니 딱딱 대통령은 취임 선서를 하기 위해 단상으로 올라갔어요. 딱딱 대통령은 취임 선서문을 힐끗 보더니 휙 던져 버렸어요.

"하하하. 오늘은 뜻 깊은 날이야. 나 딱딱이 드디어 원래 자리로 돌아왔으니까. 이제 걱정하지 않아도 돼. 내가 알아서 함께섬을 잘 이끌게. 이 대통령만 믿고 따라오라고. 무슨 말인지 알겠지?"

딱딱 대통령이 껄껄 웃으며 말했어요. 하지만 함께섬 사람들은 아무도 웃지 않았어요. 바닥에 떨어진 대통령 취임 선서문을 뚫어져라 보고 있었죠. 사회를 맡은 허허 할아버지가 취임 선서문을 주워서 얼른 딱딱 대통령에게 건넸어요.

"대통령님, 취임 선서문을 읽으세요."

"이걸 보고 읽으라고요? 허허 할아버지, 전 연설을 아주 잘해요. 이런 거 안 봐도 된다고요."

허허 할아버지가 난처한 표정으로 말했어요.

"이건 연설문이 아니에요. 대통령 취임 선서문이에요."

"취임 선서문?"

"네. 함께섬 대통령은 사람들 앞에서 취임 선서문을 읽어야 해요. 그러니까 얼른 읽으세요. 이걸 안 읽으면 대통령이 될 수 없다고요. 법에 그렇게 정해져 있어요."

"이것 보세요, 허허 할아버지. 법이 무슨 소용이에요. 내가 대통령……."

딱딱 대통령은 화를 내다 말고 입을 꾹 다물었어요. 함께섬 사람들이 모두 화난 표정으로 딱딱 대통령을 노려보고 있었거든요. 딱딱 대통령은 겁먹은 표정으로 취임 선서문을 받아 들었어요. 또 쫓겨나고 싶지는 않았으니까요.

"흠…… 나는 법을 지키고…… 함께섬 사람들의 안전을 지키며…… 함께섬 사람들의 자유와 행복을 위해 노력하여…… 대통령으로서 성실히 일할 것을 함께섬 사람들 앞에 엄숙히…… 선서합니다."

대통령은 왕이 그랬던 것처럼 함께섬을 대표하는 사람이에요. 하지만 왕처럼 뭐든 제 마음대로 할 수 있는 사람은 아니에요. 취임 선서문에 담겨 있는 것처럼 대통령은 법을 지켜야 하고, 함께섬 사람들 전체의 자유와 행복을 위해 일해야 하죠. 취임 선서를 끝낸 딱딱 대통령은 떨떠름한 표정이었어요. 그런 딱딱 대통령을 보는 함께섬 사람들의 표정도 떨떠름하기는 마찬가지였죠. 특히 뚝딱 아저씨와 함께평등당 사람들의 표정은 더 나빴어요. 딱딱 대통령이 '법을 지키고 함께섬 사람들의 자유와 행복을 위해 노력'할 것 같지 않았거든요.

나라의 대표는 꼭 선거로 뽑나요?

민주주의 국가의 정부 형태에는 대통령제와 의원내각제가 있어요. 정부의 형태에 따라 국민이 직접 나라의 대표를 뽑기도 하고, 그렇지 않기도 해요.

대통령제

미국에서 시작된 '대통령제'는 국민이 나랏일을 도맡아 하는 행정부의 우두머리, 곧 대통령을 직접 투표로 뽑는 제도예요. 미국뿐 아니라 우리나라도 대통령제 국가예요. 행정부가 국회 의원으로 구성된 입법부로부터 분리 독립되어 있기 때문에, 대통령 중심으로 똘똘 뭉쳐서 나랏일을 해 나갈 수 있어요. 대신 대통령의 힘이 강해서 권력을 독차지하고 마음대로 일을 처리하는 독재를 할 위험성이 있지요.

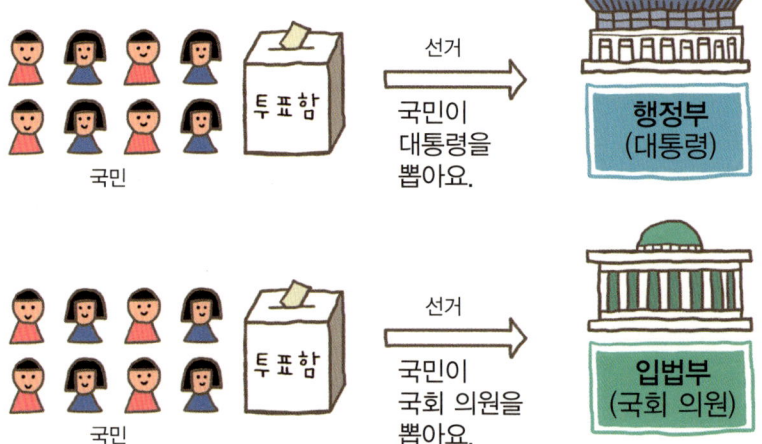

의원 내각제

'의원 내각제'는 국민이 뽑은 의원, 곧 국회 의원으로 이뤄진 입법부가 행정부의 우두머리인 총리를 뽑는 제도예요. 보통은 국회 의원이 많은 다수당의 대표가 총리가 되어요. 국회 의원에 의해 뽑힌 총리는 나라를 함께 이끌어 갈 사람들을 뽑아 행정부를 구성해요. 입법부와 행정부가 힘을 합쳐 나랏일을 결정하기 때문에 독재자가 등장할 위험성이 적어요. 대신 정당의 숫자가 너무 많을 경우 나랏일을 힘차게 추진하기 어려운 단점이 있어요. 영국과 일본은 의원 내각제 국가예요.

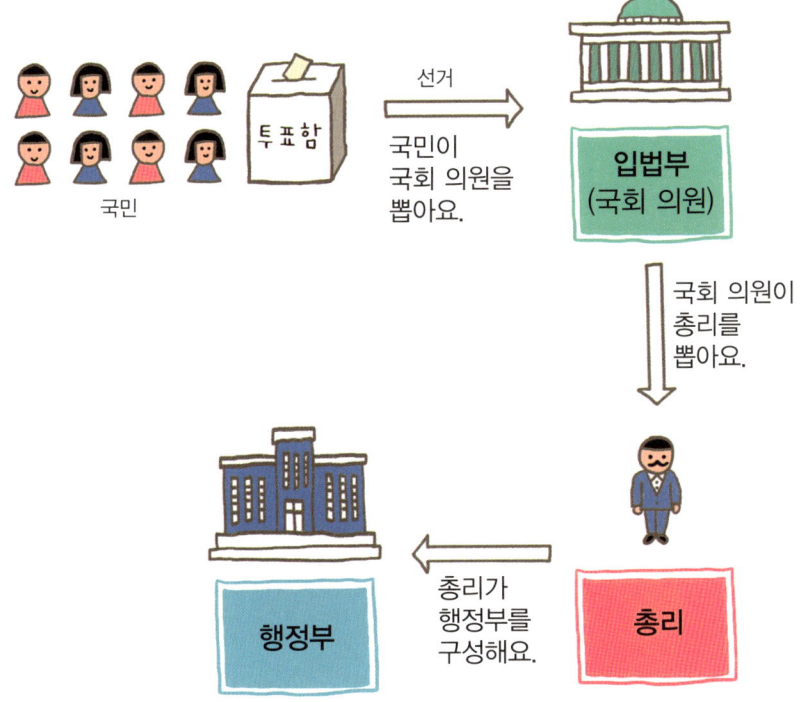

8장
힘을 나누어요

대통령제 국가에서는 대통령을 견제하기 위해서 나라의 기관을 행정부, 입법부, 사법부, 세 부분으로 나누어 조직해요. 이를 삼권 분립이라고 해요.

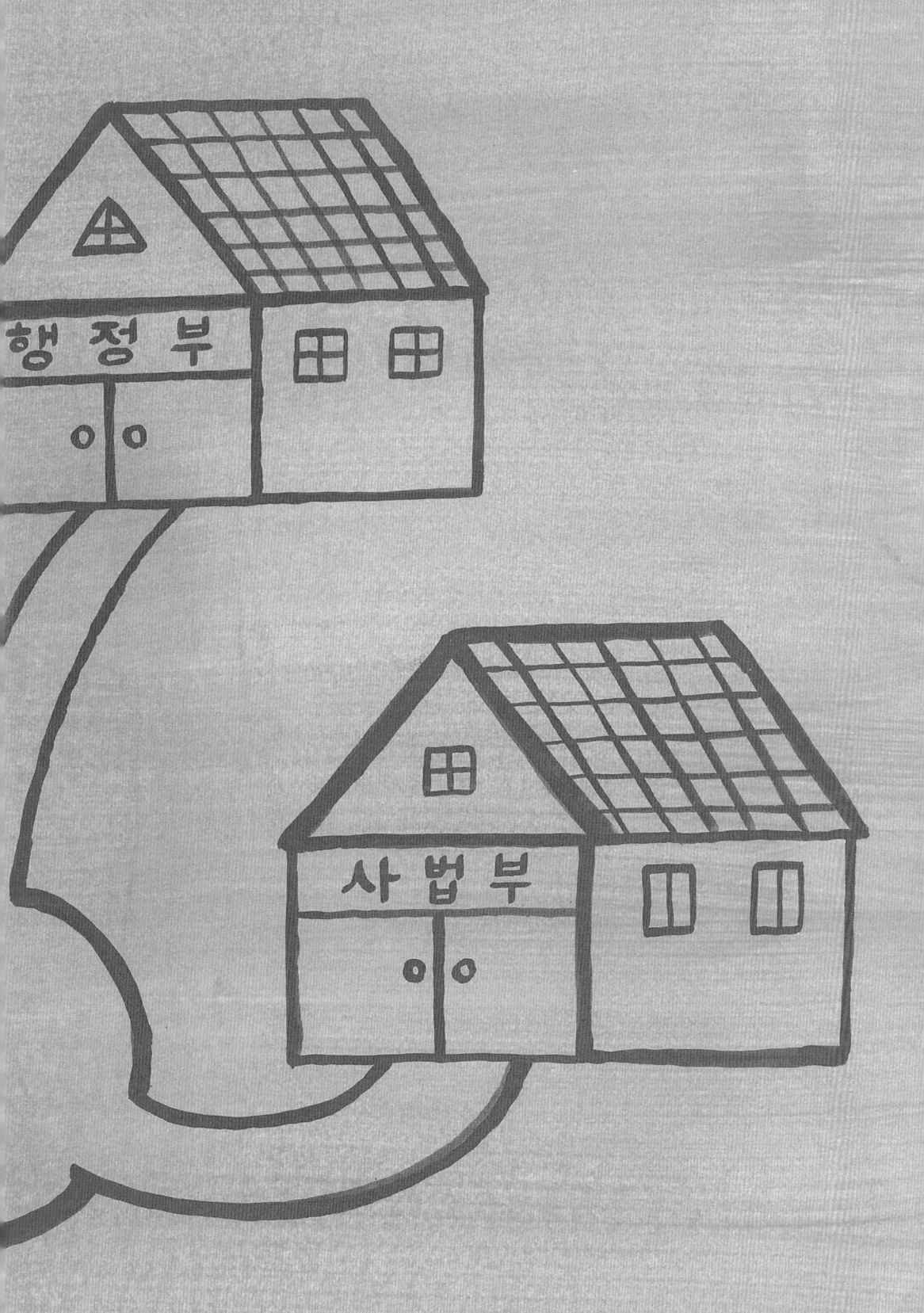

딱딱왕, 아니 딱딱 대통령은 아침 해가 뜨자마자 함께섬 회관으로 첫 출근을 했어요. 어찌나 기분이 좋던지 휘파람이 절로 나왔어요.

"그래, 바로 여기야. 여기가 내 방이지."

딱딱 대통령은 감격스러운 얼굴로 '함께섬 대통령실'을 둘러보았어요. 함께섬을 이끄는 자리로 돌아왔다는 게 새삼스레 실감이 나 가슴 뭉클했지요.

"하마터면 이 자리를 뺏길 뻔했지 뭐야."

딱딱 대통령은 자기가 어쩌다 왕 자리를 잃었는지 돌이켜 보았어요. 두말할 것도 없이 모든 게 다 뚝딱 아저씨 탓이었죠. 착한 함께섬 사람들을 들쑤셔 자기를 몰아낸 데다, 감히 대통령 선거에 나와 자기에게 도전했으니까요.

"흥! 나한테 덤비면 어떻게 되는지 확실히 보여 주지."

딱딱 대통령은 비서인 반듯 아가씨를 불렀어요. 반듯하게 차려입은 반듯 아가씨가 대통령의 말을 받아 적을 펜과 종이를 들고 사무실로 들어왔어요.

"뚝딱이가 무슨 일을 맡고 있지?"

"뚝딱 아저씨는 목수입니다."

"아니, 그거 말고 함께섬 일 말이야. 잘난 척하는 성격이니까 분명히 무슨 직책을 맡았을 텐데……."

"함께섬 국회 의장입니다."

"함께섬 국회 의장? 뭔지 모르겠지만 높은 자리 같군."

"네, 높은 자리입니다."

딱딱 대통령은 그것 참 잘됐다고 생각했어요. 높은 자리일수록 빼앗기는 아픔이 클 테니까요.

"뚝딱이한테 그만두라고 해."

"네?"

"함께섬 국회 의장을 그만두라고 하라고. 그런 높은 자리는 뚝딱이한테 안 어울려."

반듯 아가씨는 어리둥절한 표정을 지었어요. 그리고 이렇게 대답했죠.

"그건…… 안 됩니다."

"뭐?"

"함께섬 국회 의장을 그만두게 할 수 없습니다."

딱딱 대통령은 반듯 아가씨를 쳐다보았어요. 너무 기가 막혀서 화조차 나지 않았어요.

"이것 봐, 반듯 비서. 내가 누군지 몰라? 나 대통령이야. 함께섬 사람 중에 제일 높은 딱딱 대통령. 좋은 말로 할 때 얼른 뚝딱이한테 가서 관두라고 해, 알았지?"

딱딱 대통령이 어금니를 꽉 깨물며 말했어요. 하지만 반듯 아가씨는 딱딱 대통령을 말똥말똥 바라다볼 뿐이었어요.

"그건 불가능합니다! 함께섬 국회 의장은 국회를 이끄는 자리로, 함께섬 국회 의원들이 투표로 뽑습니다. 대통령이 마음대로 관두게 할 수 없습니다."

"그런 게 어디 있어? 내가 제일 높은 사람인데."

"제일 높은 사람이라도 어쩔 수 없습니다. 함께섬 법에 그렇게 정해져 있기 때문입니다."

딱딱 대통령은 반듯 아가씨에게 법전을 가져오라고 했어요. 그리고 직접 확인했죠. 반듯 아가씨 말대로였어요. 딱딱 대통령은 머리끝까지 화가 났어요.

"말도 안 돼! 이건 잘못된 법이야. 이런 법은 바꿔야 해. 반듯 비서, 법전에서 이 부분을 지워 버려!"

하지만 이번에도 반듯 아가씨는 고개를 저었어요.

"안 됩니다. 법은 함께섬 국회만이 바꿀 수 있습니다."

"이런 젠장! 함께섬 국회 의장도 못 바꾸고, 법도 못 바꾸는 대통령이 어디 있어? 도대체 대통령이 할 수 있는 게 뭐야?"

"대통령은 거둬들인 세금으로 함께섬 살림을 할 수 있습니다. 그게 법으로 정해진 대통령의 일입니다."

딱딱 대통령은 기가 막혔어요. 왕일 때는 뭐든지 다 마음대로 할 수 있었는데, 대통령은 그렇지가 않은 거예요. 법을 만드는 건 함께섬 국회예요. 법을 판단하고 재판을 하는 건 함께섬 법원 몫이고요. 대통령은 함께섬 국회가 만든 법을 지키면서 함께섬 살림을 하는 자리였던 거예요. 말이 좋아 대통령이지 순 빛 좋은 개살구라는 생각이 들었죠. 뭐든 마음대로 할 수 있는 왕에 비하면 답답하기만 했어요.

"흥, 내가 이대로 포기할 줄 알아?"

딱딱 대통령은 책상을 내리치며 말했어요. 그때 반듯 아가씨가 깍듯한 말투로 물어보았어요.

"저 그런데, 대통령님. 선거 때 내걸었던 공약은 어떻게 처리할까요? 모든 재산을 함께섬 발전을 위해 내놓겠다는 정책은 언제 시행되는지 모두들 궁금해 하고 있습니다."

딱딱 대통령은 귀찮다는 듯 손을 내저으며 말했어요.

"지금 그런 게 중요해? 그건 대통령으로 뽑히려고 그냥 한 소리잖아. 선거 운동하느라 재산을 다 써서 빈털터리가 됐다고 대충 발표해. 난 지금 그것보다 더 중요하게 생각할 일이 많다고! 아, 그리고 또 발표할 게 있는데……."

딱딱 대통령은 반듯 아가씨에게 오래전부터 생각해 두었던 계획을 불러 주었어요.

"네, 대통령님이 말씀하신 대로 발표하겠습니다."

반듯 아가씨는 딱딱 대통령이 한 말을 모두 또박또박 받아 적은 뒤 대통령실을 나갔어요. 혼자 남은 딱딱 대통령은 반듯 아가씨가 두고 간 법전을 음흉한 눈빛으로 내려다보았어요.
"그래, 법을 다 뜯어고치는 거야. 그런 다음 뚝딱이부터 쫓아내고, 내 맘대로 함께섬을 다스려야지."
딱딱 대통령은 과연 원하는 대로 할 수 있을까요?

대통령의 힘은 정말 막강할까요?

대통령제 국가에서 대통령은 행정부의 우두머리로 강력한 힘을 갖고 있어요. 그런 대통령이 만약 제 마음대로 법을 바꾸거나 어기고, 나랏일을 잘못 결정한다면 어떻게 될까요? 나라는 위태로워지고, 국민은 자유와 권리를 보장받지 못해서 심각한 문제가 생기고 말 거예요. 그래서 대통령제 국가에서는 이런 문제를 막기 위한 제도를 만들어 두었답니다. 바로 나라의 힘을 행정부, 입법부, 사법부, 세 부분으로 나누는 '삼권 분립'이에요.

행정부는 나라의 살림을 운영하는 정부를 말해요. 행정부의 우두머리는 대통령으로, 국민이 투표로 뽑아요.

입법부는 국민이 투표를 해서 뽑은 국회 의원으로 이루어진 국회예요. 국회의 우두머리는 국회 의장으로, 국회 의원들이 투표를 해서 뽑아요.

사법부는 법에 따라 재판을 진행하는 법원을 말해요. 사법부의 우두머리인 대법원장은 대통령이 국회의 동의를 얻어 임명해요.

많은 나라에서 삼권 분립을 헌법에 규정해 놓았어요. 우리나라도 입법권은 국회에, 행정권은 대통령을 중심으로 한 정부에, 사법권은 법관으로 구성된 법원에 있다고 헌법에 밝혀 놓았지요.

9장
정치에 참여해요

국민들은 정치인들이 정치를 잘하는지 감시하고 의견을 제시할 수 있어요. 집회 또는 시위에 참여하거나, 시민단체 또는 이익집단 활동도 할 수 있지요.

까까 군은 함께섬 구석구석의 소식을 손바닥 들여다보듯 훤히 알아요. 머리를 깎으러 온 손님들이 별별 이야기를 다 들려주기 때문이에요.

"우리 집 암탉 흰둥이 때문에 걱정이야. 어디가 아픈지 요즘 통 달걀을 못 낳지 뭐야."

꼬꼬 아주머니네 암탉 소식도 알아요.

"어젯밤에 허허 할아버지랑 호호 할머니가 부부 싸움을 하지 않았겠어. 어찌나 고함을 지르던지 잠도 못 잘 지경이었어."

허허 할아버지네 부부 싸움 소식도 알지요.

"내가 어제 내 키보다 큰 물고기를 잡았지 뭐야."

이영차 군이 어떤 물고기를 잡았는지도, 까까 군은 다 알 수 있었어요.

오늘 까까 군의 이발소에서 가장 많이 오간 이야기는 딱딱 대통령의 발표 내용이었어요.

"딱딱 대통령이 빈털터리가 됐다는 발표 봤어? 선거할 때 돈을 많이 쓰긴 하더라."

"그래도, 딱딱 대통령이 얼마나 부자인데 설마 한 푼도 안 남았을까?"

이발하러 온 손님 중에 깔끔 아저씨도 있었어요. 사람들의 얘기를 귀 기울여 듣던 깔끔 아저씨가 뭔가 아는 듯이 말했어요.

"전 재산을 나눠 주겠다는 건 딱딱 대통령이 선거에서 뽑히려고 그냥 한 소리래요."

깔끔 아저씨는 함께섬 구석구석을 깨끗하게 청소하는 일을 해요. 어제는 함께섬 회관에 쓰고 버려진 종이들을 치우다가 대통령이 말한 내용이 적힌 종이를 보았지요.

"같이 나온 발표도 보셨어요? 왜 갑자기 동쪽 바닷가에 놀이공원을 만드는 거래요?"

까까 군이 가위질을 계속하며 슬쩍 물었어요. 딱딱 대통령이 무슨 나쁜 일을 저지를 것만 같은 생각이 들었거든요. 깔끔 아저씨는 종이에 적혀 있던 내용을 떠올렸어요.

"동쪽 바닷가에 어마어마한 규모로 놀이공원을 짓는다는 것만 써 있었어요. 왜 짓는지는 나도 몰라요."

함께섬은 그다지 크지 않아요. 사는 사람도 아이 29명, 어른 127명뿐이죠. 놀이공원은 아니지만 남쪽 바닷가에 근사한 해수욕장이 있어요. 풍경이 아름다워서 모두들 즐겨 찾는 곳이에요. 놀이공원을 만든다면 절벽이 있는 동쪽 바닷가보다는 남쪽 바닷가가 더 적당하지요.

'저번에는 항구를 동쪽 바닷가에 만들겠다고 고집을 부리더니 이번엔 놀이공원이라……. 딱딱 대통령은 동쪽 바닷가를 왜 그렇게 좋아하는 걸까?'

까까 군은 참 이상하다고 생각했어요.

며칠 후 목장을 운영하는 푸르르 아저씨가 머리카락을 깎으러 왔어요. 푸르르 아저씨는 동쪽 바닷가에 넓은 땅을 갖고 있었어요. 그 땅에 놀이공원이 들어오면 푸르르 아저씨는 틀림없이 부자가 될 거예요.

"아저씨, 좋으시겠어요."

까까 군이 빙그레 웃으며 부러운 듯 말했어요.

"응? 뭐가?"

"아저씨네 땅에 놀이공원을 짓는다면서요?"

푸르르 아저씨는 소처럼 큰 눈을 끔뻑끔뻑하며 까까 군을 쳐다봤어요. 그리고는 한숨을 푹 내쉬었죠.

"그거 내 땅 아니야. 진작 팔았어."

까까 군은 고개를 갸우뚱했어요. 동쪽 바닷가 땅은 절벽을 끼고 있는 데다 바람도 아주 거세요. 그래서 소와 양을 키우는 것 말고는 딱히 쓸모가 없었죠. 그런 땅을 도대체 누가 샀다는 걸까요?

"딱딱 대통령한테 팔았어. 땅값도 잘 쳐준다고 하고, 우리 소와 양들도 계속 풀어놔도 된다고 했거든. 나야 손해 볼 게 없으니 냉큼 팔았지."

"그게 언젠데요?"

"태풍이 와서 항구가 무너졌던 해였지, 아마."

까까 군의 머릿속에 번쩍 불이 켜졌어요. 딱딱 대통령이 왜 그렇게 동쪽 바닷가를 고집했는지 알 것 같았어요. 동쪽 바닷가에 항구나 놀이공원을 지으면 땅값이 엄청 오를 거예요. 그럼 땅 주인은 부자가 되겠죠? 딱딱 대통령 말이에요.

'세상에……. 사람들에게 이 사실을 알려야 해. 어떻게 알리

지? 일일이 사람들에게 말할 수도 없고…….'

까까 군은 골똘히 생각에 잠겼어요. 그리고 이내 빙그레 미소를 지었지요. 까까 군의 머릿속에 번쩍 좋은 생각이 떠오른 거예요.

다음 날 아침, 함께섬이 발칵 뒤집어졌어요.

〈까까통신 1호〉

'동쪽 바닷가 땅 주인, 딱딱 대통령으로 밝혀져'라는 제목이 대문짝만 하게 찍힌 신문이 집집마다 배달되었거든요.

"어머나! 자기 땅값 올리려고 그렇게 동쪽 바닷가에 항구를 지으려 했던 거야?"

"그러게 말이에요. 항구가 안 되니까 이번엔 놀이공원을 지으려 한 거네요."

"그럼 딱딱 대통령이 빈털터리가 되었다는 것도 거짓말이잖아요!"

"여기서 이럴 게 아니라 딱딱 대통령한테 갑시다."

"그래요. 가서 따집시다."

신문을 움켜쥔 사람들이 함께섬 회관으로 몰려갔어요. 모두들 단단히 화가 나 있었어요.

사람들은 회관 앞에 서서 소리쳤어요.

"딱딱 대통령님! 땅값 때문에 동쪽 바닷가에 항구를 만들려고 했던 거예요?"

"동쪽 바닷가에 놀이공원을 지으려는 것도 그래서고요?"

어떻게 새로운 법을 만들까 곰곰이 생각 중이던 딱딱 대통령은 깜짝 놀라고 말았어요. 하마터면 들고 있던 우유를 엎지를 뻔했지요. 왜 그렇지 않겠어요? 사람들이 마치 자기 마음속에 들어와 본 것처럼 모든 걸 다 알고 있었으니까요.

딱딱 대통령은 창밖을 빼꼼 내다보았어요.

"헉!"

엄청나게 많은 사람들이 함께섬 회관 앞에 모여 있었어요. 얼핏 봐도 함께섬 사람들이 죄다 모인 것 같았죠.

"이게 어떻게 된 거야? 어떻게 알았지?"

딱딱 대통령은 안절부절못하며 사무실 안을 서성거렸어요. 그제야 책상 위에 놓인 신문이 눈에 들어왔지요. 〈까까통신 1호〉 말이에요. 신문에는 푸르르 아저씨에게 땅을 살 때 써 주었던 계약서 사진까지 실려 있었어요.

"맙소사!"

딱딱 대통령은 바닥에 털썩 주저앉았어요. 이제 딱딱 대통령은 망한 거나 다름없어요. 선거 때 돈을 엄청 많이 쓴 데다 동쪽 바닷가 땅도 팔 수 없게 됐어요. 게다가 사람들의 미움을 받아 함께섬에서 쫓겨날지도 몰라요. 돈도 잃고, 인심도 잃고, 살 곳마저 잃게 생긴 거예요.

그래서 어떻게 됐냐고요?

그날 오후, 딱딱 대통령은 함께섬 사람들에게 머리를 숙여 사과했어요. 다시는 이런 일을 벌이지 않겠다고 약속하고, 동쪽 바닷가 땅도 함께섬 사람들을 위해 내놓았죠. 딱딱 대통령이 갑자기 함께섬 사람들을 위하는 멋진 대통령이 된 거냐고요? 그럴 리가요. 선거 때 전 재산을 내놓겠다는 공약을 내걸었으니 '울며 겨자 먹기'로 내놓은 거죠. 어찌나 아까웠던지 엉엉 울기까지 했다니까요.

그날 이후로 까까 군네 이발소에는 간판이 하나 더 생겼어요. 〈까까통신〉이라고 적힌 간판이었죠. 사람들에게 소식을 전하는 게 얼마나 중요한 일인지 알게 된 까까 군이 아예 신문사를 차린 거예요.

그것만이 아니었어요. 함께섬 사람들 중에 뜻이 맞는 사람들끼리 '행복한 함께섬 만들기'라는 작은 단체도 만들었어요. 함께섬에 필요한 일을 찾아내고, 필요 없는 일을 막는 활동을 하는 단체예요.

"그래. 법대로 살아야지, 법대로."

딱딱 대통령은 한숨을 푹 쉬며 중얼거렸어요. 사실 법대로 안 할 방법이 없었어요. 신문 〈까까통신〉에, '행복한 함께섬 만들기' 단체까지…… 딱딱 대통령을 여기저기서 감시하고 있는데 어떻게 법을 어기겠어요. 어림없는 일이었답니다.

정치에 참여하는 방법은 무엇일까요?

정치는 정치인들만 하는 거라고 생각하기 쉬워요. 간섭하지 않아도 정치인들이 정치를 바르고 효율적으로 한다면 그래도 되겠죠. 하지만 실제로는 그렇지 못해요. 정치인들이 모든 일을 해결할 수 없을 뿐 아니라 자기 이익만 생각하는 욕심꾸러기 정치인들도 있기 때문이에요. 그래서 시민들은 정치인들이 제대로 잘하는지 감시하고, 더 나은 방법을 제안해야 해요.

시민들이 정치에 참여하는 방법에는 어떤 것들이 있을까요?

이익 집단을 만들거나 참여해요.

자신의 재산을 지키고 이익을 추구하는 것은 국민의 권리 중 하나예요. 그런데 혼자 힘으로는 자신의 재산과 이익을 지키는 데 한계가 있어요. 그래서 만든 것이 '이익 집단'이에요. 이익 집단은 정부나 정당의 정책이 자신들에게 유리한 방향으로 결정될 수 있도록 노력해요. 회사 직원들이 모여서 만든 노동조합이나 같은 직업을 가진 사람들이 모인 단체, 같은 종교를 가진 사람들이 모인 단체가 여기에 해당되어요.

시민단체를 만들거나 참여해요.

세상을 살다 보면 내 일이 아닌데도 관심 가는 일이 생겨요. 교통 문제나 환경 문제처럼 개인의 이익과 직접적인 상관은 없지만, 사회 전체를 위해 개선할 필요가 있는 문제들 말이에요. 이렇게 같은 문제에 관심을 가진 사람들이 모여서 만든 단체가 바로 '시민단체'예요. 시민단체는 회원들이 낸 회비, 회원이 아니더라도 도움을 주고 싶어하는 사람들이 낸 돈, 나라에서 지원받은 돈으로 관련 문제를 해결하기 위한 다양한 활동을 해요.

세계적인 환경 보호 단체인 '그린피스'가 재생 에너지 운동을 펼치고 있어요.

시위나 집회에 참여해요.

'시위'는 여러 사람들이 같은 목적으로 같은 장소에 모여서 자신들의 뜻을 알리는 것이에요. 정부가 잘못된 정책을 추진한다거나, 해야 할 일을 제대로 하지 않을 때, 많은 사람들이 모여서 자신들의 뜻을 주장하고 알려요. 우리나라의 '촛불 시위'는 다른 나라 사람들이 부러워하며 칭찬할 정도로 전 세계적으로 유명해요. 엄청나게 많은 사람들이 모여 촛불을 들고 나라에 불만을 표현하면서도 평화롭고 질서 정연했거든요.

많은 사람들이 촛불을 켜고 나라에 대한 항의의 뜻을 알리는 촛불 시위를 해요.

10장
지방 일은 지방이 스스로

지역에 사는 사람들이 자기 지역의 대표를 뽑아 스스로 다스리는 제도를 **지방 자치 제도**라고 해요. 그 지역에 대해 잘 알기 때문에 지역 문제를 효율적으로 해결할 수 있어요.

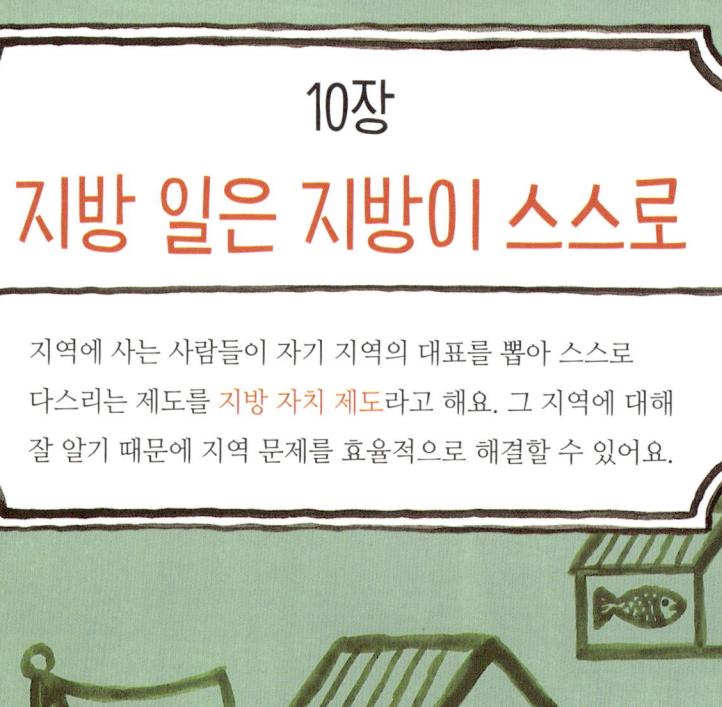

아무리 나쁜 일에도 배울 점은 있는 법이에요. 함께섬 사람들도 이번 딱딱 대통령 일로 깨달은 점이 많았어요. 일단 대통령을 잘 뽑는 것이 얼마나 중요한지 알게 됐어요. 딱딱 대통령처럼 법을 싫어하고 법을 어겨서라도 자기 마음대로 하고 싶어 하는 사람을 뽑으면 모두가 힘들어진다는 걸 몸소 경험했죠. 또 뽑은 대통령을 감시하는 일이 얼마나 중요한지도 알게 되었어요. 함께섬 사람들이 관심을 가지고 지켜보면, 아무리 나쁜 대통령이라도 못된 짓을 하긴 힘들겠죠?

"오늘도 어마어마하군!"

까까통신의 우편함은 사람들이 보낸 편지로 미어터질 듯했어요. 까까 군은 그 편지들을 추려서 날마다 신문 〈까까통신〉을 만들었어요.

함께섬 최초의 시민단체인 '행복한 함께섬 만들기'의 회원 역시 나날이 늘어났어요. 그들은 함께섬 구석구석을 돌아다니며 필요한 일을 찾아내느라 바빴어요.

뚝딱 아저씨가 이끄는 함께섬 국회 활동도 무척이나 활발했어요. 딱딱 대통령이 하는 일이 함께섬을 위해 필요한 것인지 아닌지, 잘못된 것은 없는지 아주 꼼꼼히 따졌죠.

온 사람들이 이렇듯 함께섬 일에 관심이 많다 보니 괴로운 건 딱딱 대통령이었어요. 뭘 하나 하려고 해도 점검해야 할 게 한두 가지가 아니었어요. 함께섬 일을 대충대충 했다간 여지없이 지적을 받곤 했어요. 나쁜 짓은 감히 꿈도 꿀 수 없었고요.

"에휴. 이게 뭐야. 마음대로 할 수 있는 게 아무것도 없잖아. 선거 때 돈이라도 쓰지 말걸. 흑흑, 아까운 내 돈!"

오죽했으면 대통령이 된 걸 후회할 정도였지요.

어때요? 이 정도면 함께섬도 제법 잘 돌아가는 나라죠?

하지만 아무리 잘 돌아가는 나라라도 해결해야 하는 문제는 있기 마련이에요. 요즘 함께섬의 문제는 딱딱 대통령이 내놓은 동쪽 바닷가 땅을 어떻게 할 것인가 하는 거였어요. 그 땅은 거칠고 바람도 세서 딱히 써먹을 방법이 없었거든요.

"휴, 아무리 국회에서 회의를 해도 좀처럼 좋은 방법을 찾을 수가 없네."

국회 의장인 뚝딱 아저씨의 머릿속도 온통 동쪽 바닷가 땅 생각뿐이었죠.

그러던 어느 날, 푸르르 아저씨가 뚝딱 아저씨를 찾아왔어요. 동쪽 바닷가에 사는 사람들을 대표해서요.

"뚝딱 아저씨, 동쪽 바닷가 땅 때문에 고민이 많으시죠?"

푸르르 아저씨가 말했죠.

"그러게 말이에요. 아무리 회의를 해도 좋은 방법이 떠오르지 않아요. 혹시 좋은 생각 있으세요?"

"그럼, 그 땅을 우리 동쪽 바닷가 사람들에게 주시는 건 어떨까요?"

"네?"

"어차피 함께섬 전체를 위해 쓸 수 있는 땅은 아니잖아요. 땅도 거칠고 바람도 세서 뭘 할 수 있겠어요? 하지만 우리는 달라요. 우리는 쭉 동쪽 바닷가에 살아서 그 땅을 잘 이용할 수

있거든요."

 일리 있는 말이었어요. 모두를 위해 쓸 수 없다면 동쪽 바닷가 사람들이라도 쓰는 게 당연히 좋죠. 동쪽 바닷가 땅에서 소와 양을 키워 생기는 이익 중 일부를 함께섬 사람들을 위해 쓸 수도 있고요. 하지만 여러 사람이 함께 땅을 가진다는 게 마음에 걸렸어요.

 "땅을 함께 쓰면 문제가 생기지 않을까요? 그 땅에 뭘 지으려 해도 같이 돈을 내야 하고, 그 땅에서 이익이 생겨도 같이 나눠야 하잖아요. 그러다가 돈을 안 내거나 이익을 더 많이 챙기려는 사람이 있으면, 다툼이 생길 것 같은데요."

 푸르르 아저씨가 빙긋 웃었어요.

 "그 문제라면 걱정 마세요. 저희들끼리 세금을 거두면 돼요. 동쪽 바닷가를 이용해서 번 돈은 공동 재산으로 관리하고요."

 "세금은 함께섬 정부만 거둘 수 있게 돼 있는걸요."

 곤란한 문제였어요. 세금도 세금이지만, 다른 지역 사람들이 불만을 품을 수도 있는 일이었죠. 동쪽 바닷가 사람들만 특별 대우를 받는 셈이니까요.

 푸르르 아저씨가 말했어요.

"그래서 말인데요. 지역마다 작은 지방 정부를 만드는 건 어떨까요?"

"지방 정부요?"

"네. 사실 지역마다 성격도 다르고 해결해야 할 문제도 다르잖아요. 동쪽 바닷가는 소와 양을 주로 키우고, 서쪽 바닷가는 항구와 어업, 남쪽 바닷가는 관광업, 북쪽 바닷가는 교육 사업으로 돈을 버니까요. 이렇게 다른 부분을 함께섬 정부가 일일이 챙기기란 쉽지 않아요. 각 지역의 사정을 다 알기도 힘들고요. 지방 정부를 세운다면 각 지역의 문제를 훨씬 잘 해결할 수 있을 거예요."

뚝딱 아저씨는 골똘한 표정으로 생각에 잠겼어요. 지방 정부를 만들기 위해서는 해결해야 할 문제들이 여럿 있었어요. 함께섬 정부에 내는 세금과 지방 정부에 내는 세금을 어떻게 나눌지, 함께섬 정부가 해야 할 일과 지방 정부가 해야 할 일을 어떻게 정할지……. 그걸 모두 법으로 만들고 함께섬 국회에서 투표를 해서 통과시켜야 했어요. 무척이나 번거롭고 힘들 거예요. 시간도 많이 걸리고요. 하지만 그 복잡하고 어려운 일을 해내고 나면 함께섬은 지금보다 더 살기 좋은 나라가 될 거예

요. 그렇게 조금씩 더 나은 세상을 만들어 가는 것, 더 많은 사람들이 보다 더 행복하게 살 수 있는 세상을 만들어 가는 것, 그게 바로 민주주의를 하는 이유 아니겠어요.

"좋아요, 까짓것! 힘을 합쳐서 한번 해 봐요."

뚝딱 아저씨가 고개를 끄덕이며 말을 이어 갔어요.

"푸르르 아저씨의 생각을 좀 더 듣고 싶군요. 지방 정부에 대해 이미 연구를 많이 하신 전문가잖아요."

푸르르 아저씨는 종이를 한 장 꺼냈어요. 그리고 그 위에 그림을 그려 가며 설명을 하기 시작했죠.

"제 생각에는 말이에요. 지방 정부는……."

뚝딱 아저씨는 골똘한 표정으로 푸르르 아저씨의 설명을 들었어요. 지역마다 작은 지방 정부가 생겨요. 그 정부에는 주민들이 직접 뽑은 대표인 지방 자치 단체장이 있고, 지방 의회도 있어요. 주민들은 언제든 지방 자치 단체장과 지방 의회를 찾아가 자신의 의견을 말할 수 있어요. 그러면 지방 정부는 그 의견들을 모아 지방의 일을 결정해요. 주민들이 자기 지방의 일을 직접 결정하는 셈이에요. 그건 정말 멋진 생각이었어요.

"좋아요. 그럼 본격적으로 시작해 볼까요?"

뚝딱 아저씨는 함께섬이 더 멋진 나라가 될 거라는 희망에 부풀어 빙그레 웃었답니다.

지방 자치 제도는 무엇이 좋을까요?

'지방 자치 제도'란 그 지역에 사는 사람들이 스스로 자기 지역을 다스리는 제도를 말해요. 그래서 '주민 자치'라고도 하지요. 우리나라에서는 지역의 자치 단체장을 주민의 손으로 직접 뽑아요. 자치 단체장에는 각 도를 대표하는 도지사, 시를 대표하는 시장, 구를 대표하는 구청장 등이 있어요. 또한 지방의 교육을 책임지는 교육감 선거도 이때 같이 해요. 지방 자치 제도를 하면 어떤 점이 좋을까요?

국민

선거 ⬇ 지역 주민이 직접 선거로 자치 단체장과 지방 의회 의원을 뽑아요.

지방 자치 단체장

광역 단체장 : 도지사, 특별시장, 광역시장
기초 단체장 : 시장, 구청장, 군수

지방 의회 의원

광역 단체와 기초 단체
의회 의원

주민의 정치 참여가 쉬워요.

지방 자치 단체는 우리 지역을 다스리는 단체예요. 중앙 정부와 비교하면 크기가 훨씬 작지요. 덕분에 주민들의 정치 참여가 쉬워요. 지역에 사는 주민들이 뜻을 모아 새로 도로를 깔아 줄 것을 요청하면, 지방 자치 단체는 진지하게 검토해 실행하지요. 이렇듯 주민의 정치 참여가 쉽기 때문에 지방 자치를 민주주의를 직접 실행하며 배울 수 있는 '민주주의 학교'라고도 해요.

지역의 문제를 효율적으로 해결할 수 있어요.

멀리 떨어져 있는 중앙 정부에서 지방의 일을 결정한다고 생각해 보세요. 지역 사정을 몰라서 엉뚱한 곳에 학교를 짓거나 필요도 없는 도로를 놓을 수도 있겠죠? 지방 자치 단체는 지역의 사정을 자세히 알고 있기 때문에 이런 실수를 줄일 수 있어요.

독재 정치를 막는 역할을 해요.

중앙 정부가 지방까지 모두 다스린다면 중앙 정부의 힘이 그만큼 더 세질 거예요. 자칫 몇몇 사람이 권력을 차지하고 마음대로 나라를 다스리는 독재 정치가 될 위험이 있지요. 지방 자치 제도는 힘이 지방으로 나누어지기 때문에 그럴 위험이 줄어들어요. 그래서 지방 자치 제도를 지방으로 힘을 나눈다는 뜻으로 '지방 분권'이라고 부른답니다.

추천의 글

초등학생들이 사회를 싫어하는 이유가 뭘까요?

내용도 쉽지 않은데, 내용을 설명하는 단어들도 어렵기 때문입니다. 특히 정치는 딱딱한 개념어나 전문 용어가 많다 보니, 머릿속에 쉽게 들어오지 않는 것이지요.

어렵고 지루한 정치, 쉽고 재미있게 배울 수 있다면 얼마나 좋을까요?

〈여기는 함께섬 정치를 배웁니다〉는 개념어를 내세우거나 주입식으로 설명하지 않습니다. 이야기 속 함께섬 사람들이 문제를 해결해 나가는 과정을 차근차근 보여 주며, 자연스럽게 민주주의 원리들이 생겨난 과정과 배경을 이해하도록 돕습니다. 아이들은 책을 읽으며 딱딱왕의 권위적인 태도에 화내고, 뚝딱 아저씨의 정의로운 모습을 응원하게 될 것입니다.

학교 현장에 계시는 선생님들께도 이 책을 추천합니다.

사회과에서 정치 분야를 공부할 때 온작품읽기 교재로 써 보는 것도 좋겠습니다. 이 책은 다양한 에피소드를 통해 민주주의의 역사적 사건, 다수결의 원칙, 법의 중요성, 선거의 4원칙(보통, 평등, 직접, 비밀), 삼권 분립, 정치에 참여하는 방법, 지방 자치 제도 등을 소개하고 있습니다. 2015 개정 사회과 교과서 3~4학년군의 '지역의 공공기관과 주민 참여', 5~6학년군의 '우리나라의 정치 발전'에서 활용이 가능합니다. 책을 소재로 교육 과정을 재구성한다면, 훨씬 재미있고 역동적인 학생 참여형 수업이 이루어질 것입니다.

정치는 세상을 살아가는 우리 모두의 일입니다. 정치를 이해하면 사회를 바라보는 건강한 눈이 생기고, 사회 구성원으로서 당당하게 살아갈 수 있습니다. 아이들이 정치를 배운다는 것은 가정, 학교, 사회에서 참여 민주주의를 꽃피우기 위한 준비이자 기회입니다.

임성열 선생님

여기는 함께섬 정치 용어를 배웁니다

개표 투표함을 열어 표를 세고 결과를 검토하는 일.

공약 선거에 나가는 후보들이 선거에서 뽑히면 어떤 일을 하겠다고 국민들에게 하는 약속.

교섭 단체 국회에서 중요한 안건을 협의하기 위해 일정 수 이상의 국회 의원들로 구성된 단체. 우리나라에서는 20명이 넘는 의원이 속한 정당이 하나의 교섭 단체를 이루어요.

구청장 '구'의 일을 맡아보는 구청의 우두머리.

국가 일정한 영토 안에 있는 사람들로 이루어져 있고, 그 영토의 일을 스스로 결정하는 주권을 가진 최고의 사회 조직. '국민'과 '영토'와 '주권'은 국가를 이루는 3요소예요.

국회 국민의 대표인 국회 의원들로 구성된 국가 기관. 법을 만들고, 정부가 나랏일을 잘 하는지 감시해요.

국회 의원 국회의 구성원으로, 국민을 대표하여 선출된 사람.

국회 의장 국회의 우두머리. 국회 의원들이 선거로 뽑아요.

다당제 세 개 이상의 정당이 엇비슷한 힘을 갖는 정당 체제.

다수결 무언가를 정할 때, 더 많은 사람이 원하는 대로 결정하는 것.

당선증 선거에서 뽑혔다는 것을 기록한 문서.

당원 정당에 속한 사람.

대통령 나라를 대표하는 사람.

대통령제 대통령을 중심으로 나랏일을 운영하는 제도. 국민이 직접 투표로 대통령을 뽑고, 대통령이 속한 행정부는 국회인 입법부로부터 독립되어 있어요.

도지사 지방 자치 단체인 '도'의 일을 책임지는 사람.

독재 어떤 사람이나 집단이 모든 권력을 차지하고 마음대로 일을 맡아 처리하는 것.

만장일치 무언가를 결정하는데, 모든 사람의 의견이 같은 것.

민법 개인의 가족 관계나 재산과 연관된 내용을 규정한 법률.

민주주의 국민이 나라의 주인이 되어 스스로 나라를 다스리는 정치 체제.

법 국가에서 국민들의 뜻을 모아 만든 사회적

규범. 모든 국민이 마땅히 따르고 지켜야 하며, 만약 어겼을 경우 벌을 받아요. 최고의 법 '헌법'과, 국회에서 만드는 '법률' 등이 대표적이에요.

법률 헌법 다음의 법. 헌법에 어긋나면 안 되는 법으로, 국회 의원들의 모임인 국회에서 만들어요.

법치주의 법에 정한 대로 나라를 운영하는 것.

복구 손상되기 이전의 상태로 되돌리는 일.

부족 종교나 언어가 같은 씨족끼리 합쳐서 이루어진 사회 조직.

사법권 법원이 재판할 수 있는 권리.

사법부 삼권 분립에서, 법에 따라 재판을 진행하는 법원. 법에 따라 옳고 그름을 따지고, 국회에서 만든 법률이 헌법에 어긋나는지 판단해요.

삼권 분립 대통령제 국가에서 국가의 권력을 행정부와 입법부와 사법부, 세 부분으로 나누어 조직해 놓은 제도. 세 기관이 서로 견제하고 감시하면서 권력이 한곳에 모이는 것을 막고, 국민의 권리와 자유를 지켜요.

상법 기업 활동과 관련된 내용을 규정한 법률.

선거 선거권을 가진 사람이 국가 기관이나 공공 단체에서 일할 사람을 뽑는 일.

선거 관리 위원회 선거와 국민 투표를 처음부터 끝까지 공정하게 관리하고, 정당에 관한 일을 맡아 처리하는 국가 기관.

선거 운동 특정 후보를 당선시키기 위하여 선거권을 가진 사람들에게 벌이는 여러 가지 활동.

선거인 명부 선거권이 있는 모든 사람의 이름, 주소, 성별, 생년월일을 적은 책.

세금 국가를 유지하고 발전시키기 위해 국민이 국가나 지방 자치 단체에 내는 돈.

시민단체 사회 전체의 이익을 위해 시민들이 스스로 모여서 만든 집단.

시위 많은 사람이 같은 목적으로 모여서 행사를 진행하거나 행진하며 의사를 표시하는 일.

시장 지방 자치 단체인 '시'의 일을 맡아 책임지는 사람.

씨족 사회 친척이나 가족처럼 같은 핏줄의 사람들끼리 모여 이루어진 사회 조직.

야당 대통령이 속한 여당을 뺀 나머지 정당.

양당제 두 개의 정당이 힘을 나눠 갖는 정당 체제.

여당 대통령이 속한 정당.

왕권 국가 왕이 권력을 갖고 다스리는 국가.

이익 집단 경제적, 사회적 이익을 보호하고 높이기 위하여 이해 관계를 같이하는 사람들이 모여 만든 사회 집단.

입당 정당에 들어가는 일.

입법권 국회가 법률을 만드는 권리.

입법부 삼권 분립에서, 국회 의원으로 이루어진 국회. 국민을 대표해서 법률을 만들 수 있어요.

입헌 정치 헌법에 따라 나라를 운영하는 것.

의원 내각제 국민이 뽑은 국회 의원이 행정부의 우두머리인 총리를 뽑는 제도. 보통 의회의 다수당 대표가 행정부의 총리가 되기 때문에, 입법부와 행정부가 힘을 합쳐 나랏일을 처리해요.

정당 정치적 뜻이나 주장이 같은 사람들이 모여 만든 단체.

정부 나라 살림을 운영하는 행정부.

지방 의회 지방 자치 단체의 의사 결정 기관. 시, 군, 구에 설치하는 기초 의회와 특별시, 광역시, 도, 특별자치도에 설치하는 광역 의회가 있어요.

지방 의회 의원 지방 의회에 속하는 의원.

지방 자치 단체 특별시, 광역시, 도, 시, 군과 같이, 국가 영토의 일부를 구역으로 하여, 그 구역 내에서 일어나는 여러 가지 일을 맡아 처리하는 단체.

지방 자치 단체장 지역의 일을 맡아 처리하는 단체의 우두머리. 광역 단체장에서는 도지사, 특별시장, 광역시장이 있고, 기초 단체장에는 시장, 구청장, 군수가 있어요.

지방 자치 제도 지역에 사는 사람들이 자기 지역의 대표를 뽑아 스스로 다스리는 제도. 중앙 정부가 아닌, 지방의 작은 정부가 그 지역의 일을 직접 맡아 처리하는 것이에요.

집회 여러 사람이 어떤 목적을 위해 일시적으로 모이는 일.

창당 정당을 새로 만드는 일.

취임 선서문 어떤 일을 맡은 사람이 그 자리에 오르면서 맡은 일을 잘하겠다고 맹세하는 글.

취임식 새로 맡은 일을 하기 위해 처음으로 그 자리에 오르는 행사.

투표 선거를 하거나 무언가를 결정할 때, 투표용지에 자기 의견을 표시해 내는 일.

투표권 투표에 참여할 수 있는 권리.

투표용지 투표에 사용하는 일정한 형식의 종이.

행정권 정부가 나라의 온갖 일과 살림을 맡아서 하는 권리.

행정부 삼권 분립에 따라, 거둬들인 세금으로 나라 살림을 맡아 처리하는 정부.

헌법 법 가운데 가장 기본이 되는 법이자 최고의 법. 국민이 누릴 권리와 의무를 비롯하여, 국가 조직은 어떻게 구성되었는지, 각각의 조직은 어떤 역할을 맡는지 등을 정해 놓았어요.

형법 어떤 행동이 범죄인지, 얼마만큼 벌을 받는지에 관한 내용을 규정한 법률.

여기는 함께섬 정치를 배웁니다 한우리 필독서 선정, 학교도서관저널 추천

펴낸날 초판 1쇄 2018년 6월 1일 | 초판 4쇄 2022년 5월 13일
글 최승필 | 그림 홍기한 | 감수·추천 임성열 | 감수 노미경, 이미옥, 조이섭
편집 김난지 | 디자인 손미선 | 홍보마케팅 배현석 송수현 이상원 | 관리 최지은
펴낸이 최진 | 펴낸곳 천개의바람 | 등록 제406-2011-000013호 | 주소 서울시 영등포구 양평로 157, 1406호
전화 02-6953-5243(영업), 070-4837-0995(편집) | 팩스 031-622-9413 | 사진자료 wikimedia
ⓒ최승필·홍기한 | ISBN 979-11-87287-78-0 73340

- 이 책은 저작권법에 따라 보호받는 저작물이므로 무단전재와 무단복제를 금지하며,
  이 책 내용의 전부 또는 일부를 이용하려면 반드시 저작권자와 천개의바람의 서면 동의를 받아야 합니다.

이 도서의 국립중앙도서관 출판시도서목록(CIP)은 서지정보유통지원시스템 홈페이지(http://seoji.nl.go.kr)와
국가자료공동목록시스템(http://www.nl.go.kr/kolisnet)에서 이용하실 수 있습니다. (CIP제어번호: CIP2018015374)

*잘못 만든 책은 구입하신 서점에서 바꾸어 드립니다. 천개의바람은 환경을 위해 콩기름 잉크를 사용합니다.
  종이에 베이거나 긁히지 않도록 조심하세요. 책 모서리가 날카로우니 던지거나 떨어뜨리지 마세요.

제조자 천개의바람 제조국 대한민국 사용연령 8세 이상